世界教育思想文库

教育目标的新分类学

(第2版)

THE NEW TAXONOMY OF EDUCATIONAL OBJECTIVES

(SECOND EDITION)

[美] 罗伯特·J. 马扎诺　著
Robert J. Marzano

[美] 约翰·S. 肯德尔
John S. Kendall

高凌飚　吴有昌　苏峻　译

教育科学出版社
·北京·

再版说明

对教育教学目标进行科学的分类,是客观科学地考评学生学习成果和引导学生学习的需要,因而成为当下教育研究的一个重要课题。自从布卢姆(B. S. Bloom)和他的团队首创教育目标分类法以来,教育家们提出了各种各样的分类方法,其中影响比较大的有比格斯(J. B. Biggs)团队提出的以可观察的学习结果为对象的 SOLO 分类法,马扎诺(R. J. Marzano)及其团队提出的将人的认知活动与心理动力、知识基础联系在一起的二维分类法。马扎诺的设想比较符合学生认知活动的实际,他的分类法操作性强,为此我们通过翻译《教育目标的新分类学》一书向广大的教育工作者和教师推介马扎诺及其团队所倡导的教育目标新分类法。中译本第一版在 2012 年出版,现在教育科学出版社决定再版并纳入"世界教育思想文库"之中。几年来,出版社和我们都收到了读者的一些意见,主要是概念术语翻译方面的建议。因为马扎诺的分类法是从布卢姆分类法脱胎而来的,尽管两者在理念依据和运作方式上有根本的不同,但在表述上马扎诺的分类法仍然有不少布卢姆分类法的痕迹,如果不加以区别,读者容易混淆两者的不同意义以至产生误解。中译本第一版对这方面注意不够,本次再版时针对这一情况,着重对重要概念术语的翻译进行了反复的核对、思考,并做出必要的修改,力图对马扎诺的新分类法有更准确的表述,不至于与布卢姆的分类法(包括安德森的修订版)相互混淆,从而影响读者的认识和理解。

对概念术语翻译的修正主要有三种情况。

第一,有些英文术语本身就具有多种不同的含义,如 generalization 一词，英文原著在不同的情境中反复使用这一术语，但实际的含义却不完全相同。我们在做第一版时没有注意区分，将 generalization 一词全都译为"概括"，没有将作者在不同的场合中使用这一术语的特定含义精确地表达出来。本次翻译根据术语使用的场合和马扎诺对概念的解释，用多个不同的中文术语来对应像 generalization 这类词，使翻译更加精准。

第二，有的英文单词在原文中有时作为含义特殊的术语使用，有时却只是一般意义上的词语。如 process，在原文中有时用来指通常意义上的时间流逝过程，有时用来指运用一套特定组合程序的过程。第一版在翻译时没有将专用术语与一般用语加以区分，都译成"过程"，没有把后一种意思表达出来。

第三，在第一版中许多术语是照英文直译，没有注意到之前的布卢姆分类法已经使用过同样的术语并在许多人心中形成了先入为主的理解，进而造成对新分类法的误解，如"level"一词。布卢姆分类法以一个从低到高的台阶式模型作为分类的理论依托，每个台阶为一个"level"，许多文献都把"level"翻译为"水平"。马扎诺的新分类法依据的是一个二维的思维操作模型，其中的思维（心智过程）维度也划分为6个"level"。可是马扎诺特意说明他的"level"不同于布卢姆的"level"，各"level"之间没有按难度或复杂程度逐步递进的"台阶式"关系，认知学习活动不可能从"level 1"逐级上升至"level 6"；或相反，逐级下降。也就是说，从认知学习活动的角度看，"level 2"的任务并不比"level 1"的任务更复杂、更困难或更高级，一个人在"level 1"上表现得很好，不等于就可以"提高"到"level 2"，反之亦然。第一版中我们将"level"翻译为"水平"，因为所用的中文术语与布卢姆分类法中使用的术语相同，容易让人先入为主地用布卢姆的观点理解马扎诺的理念，造成误解。这次修订中我们不再把"level"译为"水平"，而是译为"层级"。

相对于第一版，这一版对马扎诺分类法中的术语所做的修订主要如下。

一、马扎诺的二维分类模型框架

修改后表述为：

知识维度/领域（分为三种类型）：

  信息

  心智程序

  心理动作程序

思维（心智过程）维度/领域（包括3个系统、6个层级）：

  层级1—4：认知系统

   层级1：信息提取

   层级2：理解

   层级3：分析

   层级4：知识应用

  层级5：元认知系统

  层级6：自我系统

修改说明：

这里的修改主要是将原译为"水平"（level）一词改为"层级"，因为它表达的是所处的次序位置，而不是复杂或难易程度，这样可以避免与布卢姆分类法中按难度做台阶式递进的"水平"相混淆。

另外，本书在述及马扎诺的分类框架时，"思维"与"心智过程"、"维度"与"领域"被当成同义词，在译文中有时相互替换使用。"思维维度"也可能翻译成"思维领域""心智过程维度""心智过程领域"；同样，"知识维度"也可能翻译成"知识领域"。

二、知识维度的术语翻译修改

1. 信息领域的术语翻译修改

信息领域的术语翻译修改情况如表Ⅰ-1所示。

表 I-1　信息领域的术语翻译修改

英文原词		原译	修改
details		细节	细节
	vocabulary terms	词汇术语	词语
	facts	事实	事实
	time sequences	时间顺序	时序
organizing ideas		构想	事理
	generalizations	概括	延拓
	principles	原则	规则

修改说明：

vocabulary terms 原译"词汇术语"，不仅显得有点繁复，还因为其所指为描述某一知识所用的单词或短语，不见得带有专业性质的含义，不一定是"术语"，故改译为"词语"。

time sequences，原译为"时间顺序"，现简化为"时序"。

organizing ideas，意为通过将获得的信息加以条理化而成为有序的信息集合，原翻译为"构想"，指的似乎是一种思考行为，不太好。现改为"事理"。原因有二：第一，事理的意思是"事物、事项、事情的道理"，指单一的事物、事件或信息有序的集合，符合英文的原意。第二，作者的框架中包含了"延拓"和"规则"两个项目，"事理"一词可以涵盖这两个项目。第三，事理所表达的有序性和抽象性与不强调秩序只强调具象事实的"细节"相对。

principles，原译为"原则"，现按马扎诺实际解释的含义译为"规则"。

generalizations，原翻译为"概括"。上面说过，generalization 是一个含义广泛的词语，本书中作者在不同的背景下多次使用 generalization 一词（还有 generalizing），其含义都不相同，如果统统译为"概括"，确实会引起读者的混淆。在本次再版时，在涉及信息领域的框架时，我们依据作者对 generalization 的解释——

Generalizations are statements for which examples can be provided，即一种有实例支持的说法或描述、陈述，是从个别事实推及一般性事理的结果，因而借用拓扑学的术语"延拓"作为其中文译名。在拓扑学上，延拓指定义域的扩大，它虽然和作者所要表达的从具体的事物或实例进行深入和拓展而得出形而上的generalization在指称的对象上有所不同，但在思维的运作上意思接近。遗憾的是"延拓"一词过于专业化和晦涩，可能会影响读者的理解。

2. 心智程序领域的术语翻译修改

心智程序领域的术语翻译修改情况如表I-2所示。

表I-2　心智程序领域的术语翻译修改

英文原词		原译	修改
skills		技能	技能
	tactics	要领	要领
	algorithms	算法	算法
	single rules	单一规则	单一规则
processes		**过程**	**流程**
	macroprocedures	宏程序	宏程序

修改说明：

改变的只有"processes"一词的翻译，原译为"过程"。这里的processes实际上是思维或心智过程的运用方式，包括选取哪些技能、如何将这些技能组合起来、以什么方式加以运作等等，不是一般意义上的时间流逝"过程"，故改译为"流程"。

3. 心理动作程序领域的术语翻译修改

心理动作程序领域的术语翻译修改情况如表I-3所示。

表 I-3　心理动作程序领域的术语翻译修改

英文原词		原译	修改
skills		技能	技能
	simple combination procedure	简单组合程序	简单组合程序
	foundational procedure	基础性程序	基础性程序
processes		**过程**	**流程**
	complex combination procedure	复杂组合程序	复杂组合程序

修改说明：

与上文相同，将 processes 改译为"流程"，而不是一般意义上的"过程"。

三、思维（心智过程）维度的术语翻译修改

思维（心智过程）维度的术语翻译修改情况如表 I-4、表 I-5、表 I-6 所示。

表 I-4　认知系统的术语翻译修改

英文原词			原译	修改
cognitive system			认知系统	认知系统
	retrieval		信息提取	信息提取
		recognition	再认	再认
		recall	回忆	回忆
		execution	执行	执行
	comprehension		理解	理解
		integrating	整合	整合
		symbolizing	**象征**	**符号化**
		characteristic pattern	特征模式	特征模式
		sequence pattern	序列模式	序列模式
		process-cause pattern	过程-原因模式	过程-原因模式

续表

英文原词			原译	修改
		problem-solution pattern	问题解决模式	问题解决模式
		generalization pattern	**概括模式**	**延拓模式**
	analysis		分析	分析
		matching	**匹配**	**识别**
		classifying	分类	分类
		analyzing errors	差错分析	差错分析
		grounds	依据	依据
		warrants	认可	认可
		backing	复核	复核
		qualifiers	**界限**	**资质**
		generalizing	**概括**	**拓展**
		specifying	**认定**	**导出**
knowledge utilization			知识应用	知识应用
		decision making	决策	决策
		problem solving	问题解决	问题解决
		experimenting	**实验**	**试验**
		investigating	调查	调查

修改说明:

(1) symbolizing，按作者的定义，原译"象征"不够准确，现改为"符号化"。

(2) generalization pattern，按作者的解释是"generalization patterns organize information into a generalization with supporting examples"。这里的 generalization pattern 原译为"概括模式"，为避免重复，现改译为"延拓模式"。

(3) matching，如果直接依据英文原文，翻译成"搭配"或"匹配"更好一些。但是按照马扎诺在原书所做的定义，即"Matching processes address the identification of similarities and differences between knowledge and components"，笔者把原译"匹配"改为"识别"。

(4) qualifiers，指的是合格点或资格线，在此点之上为合格或有资格，原译为"界限"，本不错。但从原书后文的实例看，它强调的是学习者的资质是否达到某个标准，故改译为"资质"。

(5) 对generalizing，作者解释说"generalizing is the process of constructing new generalizations from information that is already known or observed"。原来也译为"概括"，现译为"拓展"，以区别于代表拓展结果或拓展这件事的"延拓"。

(6) specifying，原译为"认定"。但根据作者的解释——"specifying is the process of generating new applications of a known generalization or principle"，故将其改译为"导出"。

(7) experimenting，是实验或试验的意思，原译为"实验"，现改为"试验"，以示教育中的试验有别于自然科学中的实验。

表 I-5 元认知系统的术语翻译修改

英文原词		原译/现译
metacognitive system		元认知系统
	specifying goals	目标设定
	process monitoring	过程监控
	monitoring clarity	清晰度监控
	monitoring accuracy	准确度监控

表 I-6 自我系统的术语翻译修改

英文原词		原译/现译
self-system		自我系统
	examining importance	重要性检查

续表

英文原词	原译/现译
examining efficacy	效能感检查
examining emotional response	情绪反应检查
examining overall motivation	动机检查

修改说明：

元认知系统和自我系统中的术语未做修改。

除了对重要的概念术语的中译文进行认真的审思和修改之外，本次再版时译者也对一些用词造句和叙述顺序上感觉不妥的地方做了必要的改动，力图使译文更加顺畅，具有更好的可读性。当然，限于我们的水平，这次修订的译稿依然会存在许多不够贴切甚至是错误的地方。希望读者们不吝赐教，多提意见，使译文的水平得以提高，使马扎诺的分类法得到更为准确的理解和应用。

最后要感谢教育科学出版社的方檀香编辑。她非常仔细认真地对整个文稿进行了审读，提出了许多问题，促成我们对译文的认真修改。

高凌飚
2019年10月12日

译序

从布卢姆到马扎诺
——教育目标分类理论的演进

一、布卢姆教育目标分类法的价值和不足

教学和考评都要有确定的目标，特别是考试的科学化和标准化要求试题有相对清晰明确的考查目标和水平层次，这就需要建构一个能将纷繁复杂的教学和评价目标加以系统整理的分类框架。率先建构这样的分类框架并对教学目标进行分类整理的是布卢姆和他的团队。布卢姆认为，教学目标表述的是学生经过学习之后所能达到的行为表现，较复杂的行为中含有较简单的行为。他进一步假设，可以把教学过程看作是建立在较简单的行为过程基础上的过程，简单行为的组合导致较复杂的行为，当行为的复杂程度提升到一定程度之后就质变为与作为基础的简单行为有本质区别的、新的、高级的行为。[1] 基于这样的假设，布卢姆提出了逐步递进的台阶形分类框架以及能够应用于认知领域的教学目标：台阶的最底层是"知识"，然后逐级上升到"理解""应用""分析""综合""评价"等层次。知识有各种类型：具体知识（术语、事实），处理具体知识的方式和手段（惯例、趋势和顺序、分类和类别、标准、方法论），普适知识与抽象知识（原理和概括、理论和结构）。"理解"包括了翻

---

[1] Bloom B S, Engelhart M D, Furst E J, et al. Taxonomy of educational objectives: the classification of educational goals. handbook I: cognitive domain[M]. New York: David McKay, 1956.

译、解释和推断。"应用"指对知识的运用。"分析"包括要素分析、关系分析和组织原则分析。"综合"指的是能够进行独特的交流，制订计划或操作方案，并进一步推导出抽象关系。"评价"包括依据内部证据和外部证据进行判断两种情况。

为了建构这一分类体系，布卢姆提出了许多全新的观念并成功地将其与实际使用的教学目标联系起来，使得原本庞杂的教学（评价）目标有序化，成为一个阶梯形递进的目标体系。布卢姆教育目标分类法（以下简称布卢姆的分类法或布卢姆分类法）具有鲜明的特色和相当大的理论与实践价值，它超越了具体和烦琐，从心理学和认知理论的高度，提出学生学习成果的水平的假设，并且具体地拟定了六个阶梯形递进的水平，这就为确认学生的学习水平标准建立了一个具有初步理论依据和层次差异的、可操作的框架。布卢姆的分类法具备了初步的多元智能观念，力求在更为广泛的空间内，从认知、情感意志、动作技能三个领域去确认学习成果的水平。尽管在后两个领域，布卢姆所做的分类还很不成熟，可操作性很差，但它毕竟突破了传统的局限，开阔了学校教学的视野，促进教学朝着更重视学生全面发展的方向转变。布卢姆的分类法摆脱了不同学科、不同知识结构以及不同教师认识差异的影响，为不同地区、不同学科的教学交流搭建了一个共同的平台，为大规模的评价和考试提供了共同的参照坐标，促进了教学和评价的交流和发展。布卢姆提出教育目标分类法的时候正值第二次世界大战之后各国急于提高教学质量、监控教学效果的当口，非常及时。在一段时间内，几乎全世界的大规模考试都以布卢姆的分类法为框架来构建考试的目标，美国人因此把布卢姆的分类法评为20世纪教育领域中影响最为广泛的事件之一。

然而，布卢姆的分类法也存在相当明显的问题，有的还是根本性的问题。

第一，布卢姆的分类法在目标描述方面存在问题。在操作上，布卢姆的分类法以经验性的语言为工具进行目标描述；在理念上，布卢姆的分类法以泰勒的观点为基础来搭建分类的框架。经验性的描述用于确认显性的行为问题不大，但要用来确认稳定且抽象的思想、情意和态度就很困难，它们或者因描述过于抽象而导致目标泛化不可操作，或者因描述过于具体而失去目标的本意。泰勒恰恰认为，体现教育目标的行为不仅有显性的行为，也包括隐性的行为，如思想、情意、态度等方面。这样一来，布卢姆的分类法就陷入了目标行为的复杂性、隐蔽性与目标指示物的简单性、明显性的矛盾，使得布卢姆分类法的目标描述，特别是在情意领域的描述逻辑混乱，难以操作。即使是在认知领域，当目标涉及高层次的思维活动时，其逻辑也有很大问题，所做的描述与被描述的目标行为之间有较大的差异。

第二，布卢姆以思维的复杂程度的线性积累作为分类的线索，这与真实的情况不符。从微观的思维过程来看，理解、应用、分析、综合、评价等思维运作往往是混杂在一起进行的，很难区分哪一种复杂程度更低或更高一些。在宏观的认识层面，人在认识问题或解决问题的时候，可能会从整体出发，先解决整体的问题，再具体解决局部的问题；也可能是先逐一解决局部问题，再积累起来解决整体的问题。同样，不能认为综合高于分析，或相反，分析高于综合。

第三，在布卢姆的分类法中，知识是一个没有深度变化的平台，只是思维操作的不断复杂化才构成了教育目标层次的不断提升。这种做法将知识内容与思维操作过程人为地割裂开来。实际上，知识内容与思维操作是无法分开的。比如，对速度概念的理解，中学生必须懂得速度是反映物体运动快慢程度的物理量，具有方向性和瞬时性的特点，其大小可以用位移与时间的商来表示。具备了这些知识，学生就容易理解速度的概念了。离开具体的内容，理解就成为一种抽象的状态，是无法实际运作的。

二、相异的分类法

布卢姆的成功激起了教育工作者研究教育目标的极大兴趣，布卢姆分类法存在的问题又吸引了许多研究者去寻找弥补的方法或搭建全新的分类框架。布卢姆之后，许多人提出了各种各样的分类框架。这些分类框架有一维的，也有二维或多维的。在一维的分类框架中，值得注意的有加涅（R. M. Gagne）[1]、比格斯和科利斯（R. E. Collis）[2]、威廉（R. G. William）[3]、斯塔尔（R. J. Stahl）[4] 的尝试。他们的修订主要针对布卢姆分类法理论基础不牢的问题展开，以某个理论为基石，从上而下地建立起分类的体系。在这些体系中，影响较大且在实践中发挥了一定作用的是 SOLO 分类法。

SOLO 的英文原文是 "the structure of organized learning outcome"。SOLO 分类法即 "可观察的学习成果的分类法"。SOLO 分类法有几个基本假设。第一，对于考试评价，重要的不是学习行为而是学习结果，是学生解答问题时表现出来的可以观察到的认知反应水平。找出学生表现出来的可以观察到的认知反应水平的结构，就可以据此对学生的表现进行分类。第二，决定学生的认知反应水平的因素是功能反应方式以及在某种功能反应方式下的反应结构的复杂性。功能反应方式由学生在反应过程中所利用的元素（如语句、符号等）的性质、水平与操作的类型所确定。第三，在大量的事实调查基础上，SOLO 分类法假设：不论是儿童还是成年人，当他们学习新的知识时，认知

---

[1] Gagne R M. Domains of learning[J]. Interchange, 1972, 3 (1): 1-8.

[2] Biggs J B, Collis R E. Evaluating the quality of learning: the SOLO taxonomy[M]. New York: Academic Press, 1982.

[3] William R G. A behavioral typology of educational objectives for the cognitive domain[J]. Educational technology, 1977, 17 (6): 39-46.

[4] Stahl R J. The domain of cognition: an alternative to Bloom's taxonomy within the framework of an informational processing model of learning[Z]. Tucson: The Annual Conference of the Rocky Mountain Educational Research Association, 1979.

的发展是有阶段的；不同的认知发展阶段之间，存在着认知水平质的跃迁，不可能以简单的量的积累来实现不同阶段之间的跃迁。通过对认知发展的功能反应方式的分析，比格斯提出，可以从能力、思维操作、一致性与收敛（指获得答案）、应答结构四个方面区分学生的回答水平，进而具体地归纳出学生思维水平的五个层次。

（1）前结构（pre-structural）：这是一种低于目标的反应方式。学习者对问题的回答是混乱的，要么拒绝回答问题，要么同义反复，要么瞎说一气，回答根本没有一致性的感觉，甚至连问题是什么都没有弄清楚就收敛了。

（2）单点结构（uni-structural）：学习者只能联系单个素材去解决问题，因此回答没有一致性的感觉，只接触到一点就立刻跳到结论上去了。

（3）多点结构（multi-structural）：学习者能联系多个有限的、孤立的素材去解决问题，他虽然想实现一致性，但由于只注意孤立的素材而使收敛太快，导致解答不完整。

（4）关联结构（relational）：学习者利用问题线索、相关素材及素材间的相互关系去解决问题，并能在设定的情景或已有经验范围内利用相关知识进行概括。在设定的系统中没有不一致的问题，但因只在一个路径上收敛，在系统外可能会出现不一致的状况。

（5）抽象扩展结构（extended abstract）：学习者利用问题线索、相关素材、素材间的相互关系及假设去解决问题，能对未经历的情景进行概括，解决了不一致的问题，认为不必使结论收敛，即结论可以保持开放，容许多个在逻辑上相容的解答存在。

SOLO分类法虽然没有照搬皮亚杰的理论，但其依据的仍是皮亚杰的认知水平发展具有阶段性的思想，并将它迁移到具体的学习任务中，比较合理地解释了功能反应方式、学习周期和阶段等概念。从这个意义上说，SOLO分类法体现了现代心理学研究的结果，具有严格的理论形态。SOLO分类法将评价的目标从学习者的行为转移到学习行为的结果，进而依据学习结果结构上的复杂程度来评价学生的学习质量，再具体地从能力、思维操作、一致性与收敛、应答结构四个方面将学生的行为结果（回答）分成五个不同的水平。评价目标界定清楚、明确，无须进行分解，从而提高了评价的效度和信度。

SOLO 分类法不再采用简单的线性发展模型，而是把个体认知发展的功能反应方式划分为五种：感觉运动方式、形象方式、具体符号方式、形式方式以及后形式方式。每一种功能反应方式下的学习结果都可分为五个水平，构成了螺旋式上升的水平层次。这种螺旋式上升的层级结构更符合人类的认知规律，更好地解释了人在学习不同任务时的不同表现。正因如此，SOLO 分类法正在发挥越来越大的影响。目前澳大利亚等许多英联邦国家，都采用了 SOLO 分类法作为厘定教学目标和进行考试评价的框架。国际上一些有重大影响的测评项目（如 PISA），也将 SOLO 分类法作为建立评价框架的理论依据之一。当然，SOLO 分类法仍然是基于知识认知建立评价的标准，而没有全面评量学生的发展，在情感态度领域的评价方面仍然没有突破。更主要的是，由于 SOLO 分类法是基于某种理论假设从上而下地演绎出来的，在与实际相结合的过程中遇到的问题比较多，这些问题的解决还有待进一步的深入研究。

二维或多维框架的主要设计者有德布洛克（A. DeBlock）[1]、德科尔特（E. DeCorte）[2]、奥米尔（C. P. Ormell）[3]、汉诺（L. S. Hannah）和米凯利斯（J. U. Michaelis）[4]、马扎诺[5]、梅里尔

---

[1] DeBlock A, et al. La taxonomy des objectifs pour la displine du Latin[J]. Didactica Classica Gandensia, 1972 (12-13): 119-131.

[2] DeCorte E. Onderwijsdoelstellingen[M]. Louvain: Universitaire Pers, 1973.

[3] Ormell C P. Bloom's taxonomy and the objectives of education[J]. Educational Research, 1975 (17): 3-18.

[4] Hannah L S, Michaelis J U. A comprehensive framework for instructional objectives: a guide to systematic planning and evaluation[M]. Reading, MA: Addison-Wesley, 1977.

[5] Marzano R J. Designing a new taxonomy of educational objectives[M]. Thousand Oaks, CA: Corwin Press, 2001.

（M. D. Merrill）①，以及哈拉戴诺（T. M. Haladyna）。他们修订的共同特点是把知识展开作为一个维度并进一步将其与认知操作以及其他方面区分开来，这样就构成了多个维度。这些修订有的是直接针对布卢姆分类法进行的（如德布洛克），有的以某种理论或模型为基础（如德科尔特），还有的则自行提出一个新的认知行为模型（如马扎诺）。以布卢姆分类法为基础的修订成果后来在安德森（J. R. Anderson）修订的时候都被加以考虑，其合理的成分被吸收进安德森修正后的分类法中。完全基于理论的分类法则过于复杂且缺乏可行性。马扎诺的分类法既不是对布卢姆分类法的简单修正，也不完全基于某种理论，而是综合心理学的最新研究成果提出自己的假设。加上马扎诺主要是一位从事课程教学实践活动的专家，他提出的分类法具有相当强的操作性，对教学和评价实践有很好的引导作用。这也是我们重点研究和翻译马扎诺分类法的原因。

三、安德森的修正

在布卢姆分类法出现后的几十年间，对它的种种批评不绝于耳②，还出现了上述不同的分类法。作为对这些批评和不同分类方法的回应，布卢姆的学生安德森组织了一个团队对布卢姆的分类法进行修正。安德森不再把知识当成一个没有深度的平台，而是将之展开为一个维度，它具体包括以下内容。(1) 事实性知识，指学生通晓一门学科或解决其中问题时所必须了解的基本要素，可以进一步分为术语知识以及具体细节和要素的知识。(2) 概念性知识，指在一个更大的体系内共同发挥作用的要素之间的关系，包括分类和类别的知识、原理和通则的知

---

① Merrill M D. Instructional design theory[M]. Englwood Cliffs, NJ: Educational Technology Publications, 1994.

② 安德森，索斯尼克. 布卢姆教育目标分类学：40年的回顾[M]. 谭晓玉，袁文辉，等译. 上海：华东师范大学出版社，1998：41.

识，以及理论、模型和结构的知识。（3）程序性知识，指做某事的方法、探究的方法，以及使用技能、算法、技术和方法的准则，包括具体学科的技能和算法的知识、具体学科的技术和方法的知识、确定何时使用适当程序的准则知识。（4）元认知知识，指关于认知的知识以及关于自我认知的意识和知识，包括策略性知识、关于认知任务的知识、适当的情境性和条件性知识，以及关于自我的知识。

至于认知过程，在布卢姆等人的分类法中本来就是一个维度，其内部水平逐级上升，安德森只是正式将其定名为认知操作维度，并对其中的层次做了修改和重新界定。重新界定后的认知操作有如下六种。（1）记忆，指从长时记忆中提取相关的知识，包括识别和回忆。（2）理解，指在口头、书面和图像等交流形式中建构意义，包括解释、举例、分类、总结、推断、比较和说明。（3）应用，指在给定的情境中执行或使用程序，包括执行和实施。（4）分析，指将材料分解成部分，确定部分之间的相互关系，以及部分与总体结构或目标之间的关系，包括区别、组织和归因。（5）评价，指基于准则和标准做出判断，包括检查和评论。（6）创造，指将要素组成内在一致的整体或功能性整体，或将要素重新组成新的模型或体系，包括生成、计划和产出。

安德森假定每一个层次的认知操作都与每一个种类的知识相互作用，这样就构成了一个二维的目标分类框架。① 修订后的二维框架避免了布卢姆分类法在结构和表述上的一些缺陷。从表述上看，知识这个词不再兼有称名和动作两方面的含义，涉及认知操作的记忆、理解、应用、分析、评价和创造都只是反映一种动作的动词。从结构上看，知识不再是一个没有层次的平台，而是一个在广度和深度上不断扩展和提高的维度，这符

---

① 安德森，等. 布卢姆教育目标分类学：分类学视野下的学与教及其测评：完整版[M]. 修订本. 蒋小平，张琴美，罗晶晶，译. 北京：外语教学与研究出版社，2009：22.

合实际的情况。安德森在认知操作维度的修订中将理解层次进行了细化，强调了有意义的学习，这样就使得新的分类法与建构主义的理论有机地结合了起来。同时，他取消了"综合"层次，不再出现将综合与分析人为地强行拆分的问题。新增加的创造层次代表最高层次的认知操作。这样的上升逻辑显然更为合理和清晰。但安德森的框架赖以成立的前提依然是布卢姆的认知水平随认知复杂性增加而台阶式地发展的假定，知识内容与思维操作仍然是分离的，因而布卢姆分类法所存在的问题依然没有得到解决。

四、马扎诺分类法的特点

如上所述，马扎诺的分类法既不是对布卢姆分类法的简单修正，也不完全是基于某种理论的重新架构。作为一种后来的、新近的分类法，它综合了心理学的最新研究成果并提出了自己的假设，有着鲜明的特点。马扎诺分类法的首要特点在于他提出了一个崭新的学习过程模型，这一模型综合了心理学研究的各方面成果。马扎诺提出，人的学习过程涉及三个主要的系统，即自我系统、元认知系统和认知系统，外加知识这一因素。学生面对一个新的学习任务的时候，首先由自我系统来判断任务的意义并决定投入的程度，也就是学习的动机问题。在解决了动机问题并决定投入学习之后，学习者会依据已建立起来的元认知系统决定学习的目标、方式和策略，然后运用认知系统中存储的具体认知技能去经历认知过程并完成学习任务。所有这些都基于学生已有的知识，包括信息、心智程序、心理动作程序三类不同的知识。在整个学习过程中，这三个系统与学生已有的知识不断地相互作用，获得相应的学习结果，包括获取新知识、增强学习动机、更新元认知体系、发展认知技能等。

基于这样的假设，马扎诺提出了一个二维的评价体系。第一个维度是知识，包含三个不同领域六类知识：信息（细节、事理）、心智程序（技能、流程）、心理动作程序（技能、流程）。第二个维度是思维（心智过程），包括了三个系统六种运作。第 1 至 4 种分别是信息提取、理解、分析和知识应用，属于认知系统，第 5 种为元认知系统，第 6 种为自我系统。信息提取涉及的是再认、回忆和执行。理解涉及对知识的整合与符号化。分析涉及识别、分类、差错分析、拓展和导出。知识应用涉及决策、问题解决、试验、调查等。元认知系统包括目标设定、过程监控以及清晰和准确程度的监控。自我系统包括重要性检查、效能感检查、情绪反应检查和动机检查。这样一个框架体系基本上囊括了学校教学所要达到的方方面面的目标，任何一个具体的目标，都可以在这一框架中找到合适的位置。这是马扎诺分类法的第一个特点。

马扎诺分类法的第二个特点在于，它认为学习行为的水平不仅因学习内容本身或者认知操作的复杂程度而变，还因学习者对相关内容的熟悉程度而变。相对复杂的内容，可因学习者熟悉而变得容易；反过来，相对简单的内容可因学习者不熟悉而变得困难。在考试实践中，我们发现所谓的"生题"是学生最感困难的题目，就是这个道理。基于这样的事实，马扎诺建构的分类法不再是一个单向的线性体系，其中也没有台阶式上升的关系，即没有像布卢姆和安德森那样假定各个水平是随着认知操作的复杂程度而逐渐递升的。也就是说，第 6 层级的运作不见得比第 5 层级的运作更高级，这更符合学习的实际。在现实的学习中，高水平的理解可能比低水平的应用更复杂，动机也不是建立在最高水平的认知和元认知的基础上的。马扎诺的分类法因此更好地区分了学习的目标类型和目标间的相互联系，更好地反映了教学的实际情况，对教学和评价可以有更好的导向作用。

马扎诺分类法的第三个特点在于它的实践可行性。它既不会产生像布卢姆或安德森分类法那样因为完全从经验出发而导致层次的界限不清，从而无法准确界定的问题；也不会像 SOLO 分类法那样因完全基于理论的演绎从而需要进行大量工作：把理论概念加以阐释以促进教师的理解，把从概念出发的规定加以具体化和细化，进而成为符合实际的、可实际操作的指引。

马扎诺分类法的第四个特点是，由于比布卢姆的分类法增加了一个维度，马扎诺的分类法不可避免地变得复杂了。但是由于摆脱了层次之间的逻辑关系的困扰，马扎诺的分类法相对于其他二维或多维的分类法（包括安德森的分类法）显得简单明了，这就为实际工作者带来了极大的方便。

不过，马扎诺的分类法还是受到了布卢姆分类法的巨大影响，这里既有对布卢姆分类法的合理继承，也体现了一些未能摆脱的不合理影响。尽管如此，相对于布卢姆、比格斯、安德森和其他人的分类法，马扎诺的分类法是最新的，它借鉴了上述各类方法的优点，既没有只从经验出发，也不是单从理论出发，而是较好地考虑了理论和经验两个方面，综合了心理学等其他领域的研究成果，因而在理论性和实践可行性方面都达到了一个新的高度。

作为一名长期从事课程与教学研究的大学教师，我曾经是布卢姆分类法的热情追随者。20世纪80年代初，当我作为一个命题者参与广东高考标准化改革研究工作，第一次接触到布卢姆的分类法的时候，就被它简洁的形式和丰富的内涵所吸引。布卢姆和他的团队从纷繁复杂的考试目标中整理出一个逐级上升的阶梯形框架，使得向来只凭经验进行的考试命题成为有预设框架、按照一定层次结构编制试题和选择试题的工作，命题的科学性和考试的有效性大大提高。可是，随着命题研究的逐步深入，我对布卢姆分类法的科学性和可靠性产生了疑问。于是，我转而寻找其他的分类理论。提出SOLO分类法的比格斯是我的博士生导师之一，我自然地开始了对SOLO分类法的研究和应用。SOLO分类法在理论上是比较漂亮的，然而在实践中却存在许多需要进一步完善、解决的问题，特别是它的过于理论化的语言，令许多一线工作者望而却步。就在这个时候，经由吴有昌博士介绍，我开始接触马扎诺的分类法。马扎诺分类法特有的符合实际的学习模型，把有关学习的各方面的重要因素整合在一起，并用简单而明确的逻辑来表明要素之间的关系及其发展，使我感到马扎诺分类法特色鲜明，应用前景广阔，引进、学习和推广马扎诺的分类法，必将对我国的教学和评价工作产生巨大的影响，从而产生了详细引介的愿望。

本书的翻译经过三轮工作：首先是由吴有昌、苏峻、冯翠典等几位博士对书稿进行初步的翻译。然后由苏峻博士在各人翻译的基础上进行重译，得出完整的通稿。最后由本人进行修订和统稿，对由理解上的问题而带来的翻译错误进行纠正、修改以至部分重译，还有语言表达上的整理和润色。可以说，翻译工作是认真的。当然，鉴于自身的水平，翻译也必然存在一些问题甚至错误，希望读者加以指正。

本书全面介绍了马扎诺的分类法，并有大量的应用实例，同时还将其与布卢姆及其他人的分类法做了对比和分析，适合一线教师、教研人员和专门从事教育考评的教育工作者和研究人员阅读。翻译中我们一方面追求表达的准确性，另一方面尽量避免使用一些比较晦涩的术语，相信翻译本能符合读者的阅读习惯，不会给读者带来困难。

感谢教育科学出版社的郑军副总编辑和刘明堂编辑，他们在了解了我的愿望之后给予大力的支持，使得这一愿望得以实现。

高凌飚
2012 年 9 月

序言

半个世纪前,《教育目标分类学》(*The Taxonomy of Educational Objectives*)(Bloom, Engelhart, Furst, Hill, & Krathwohl, 1956)出版了。从那时起许多人就开始对布卢姆的教育目标分类法进行修订,以期将有关人类思维和知识结构的最新理解纳入其中。这本书反映了我们对布卢姆教育目标分类法的最新修改。我们认为,作为给教育者提供的一种实用工具,我们所做的修订比迄今为止的所有其他尝试都略胜一筹。事实上,这本书是2001年出版的《设计新的教育目标分类法》(*Designing a New Taxonomy of Educational Objectives*)的修订版。正如该书标题所标示的那样,它是"发展中的作品"——开发新的目标分类法的起步:"尽管已经使用了关于知识性质和人类心智加工方式等方面可以获得的最好资料,但是,随着时间的流逝,现在所描述的新的目标分类法一定会被不断修订。"(Marzano, 2001, p. 130)自该书出版以来,新的目标分类法已经被各类不同的读者在各种不同的场合加以使用并进行现场测试。目前的这本《教育目标的新分类学》(*The New Taxonomy of Educational Objectives*),是2001年版本的修订本。正如其标题所标示的那样,它被看作是"已完成的作品"。

这本书所描述的新的目标分类法与2001年的版本在框架上有许多相似之处。不过,它包含了一些值得关注的新发展。一方面,作为提供给教育者的一种实用工具,它与安德森等人

（Anderson et al.，2001）出版的对布卢姆教育目标分类法的修订本有许多不同，也有许多超越之处。另一方面，它更明确地解释了新目标分类法的具体应用：（1）作为教育目标设计和分类的框架；（2）作为考评设计的框架；（3）作为提高国家标准的具有可操作性的工具；（4）作为课程设计的结构；（5）作为思维技能课程的基础。我们期待教育者运用新的教育目标分类法来提高他们的教学成效并深化学生的学习。

致谢

对以下审稿人的贡献表示感谢：

杰伊·麦克泰格（Jay McTighe）
马里兰州麦克泰格团队咨询公司教育作家和顾问

凯西·格罗弗（Kathy Grover）
密苏里州克莱弗R-V区公立学校课程与教学助理督学

弗吉尼亚·科特斯西（Virginia Cotsis）
加利福尼亚州文图拉县教育局课程与教学部教育服务分部
中学课程专家

洛林·W. 安德森（Lorin W. Anderson）
南卡罗来纳大学杰出荣誉教授

道格拉斯·哈里斯（Douglas Harris）
佛罗里达州萨拉索塔课程重建中心协理总监

罗伯塔·里琴（Roberta Richin）
纽约州"从性格到行为"公司顾问、发起人、联合创始人

目录

第1章 修正布卢姆分类法的必要性 / 1

布卢姆分类法的简要历史 / 2
布卢姆分类法概要 / 5
布卢姆分类法的问题 / 9
其他分类法 / 10
新分类法的理论基础 / 11
三个系统与知识 / 13
新分类法简介 / 14
新分类法、布卢姆分类法以及安德森等人的修订版 / 16
小结 / 20

第2章 知识领域 / 21

知识的类型 / 22
信息 / 23
心智程序 / 28
心理动作程序 / 31
与布卢姆分类法的联系 / 33
小结 / 33

第3章 思维的三个系统 / 34

记忆 / 34

层级1：信息提取（认知系统）/ 35

层级2：理解（认知系统）/ 39

层级3：分析（认知系统）/ 42

层级4：知识应用（认知系统）/ 49

层级5：元认知系统 / 52

层级6：自我系统 / 54

新分类法层级性质回顾 / 58

小结 / 61

第4章　新分类法与知识的三个领域 / 62

层级1：信息提取 / 63

层级2：理解 / 69

层级3：分析 / 75

层级4：知识应用 / 88

层级5：元认知系统 / 97

层级6：自我系统 / 104

小结 / 109

第5章　新分类法作为教育目标、考评与国家标准设计和改进的框架 / 110

教育目标 / 110

新分类法的非限定性 / 115

作为考评设计的工具 / 118

提升国家标准实用性的架构 / 133

小结 / 139

第6章　新分类法作为课程、思维技能的框架 / 141

课程设计的框架 / 141

思维技能课程的框架 / 144

小结 / 160

参考文献 / 161

第 1 章 修正布卢姆分类法的必要性

1956 年，名为《教育目标分类学》的专门手册出版了。此后 50 多年间，出于对该手册主编布卢姆的尊重，该手册中的分类方法经常被称为"布卢姆分类法"，并被教育者应用到几乎所有年级和所有学科领域。该分类法的目的在于开发一套编码系统，让教育者能够据此设计出具有层级结构的学习目标。

> 你所阅读的书试图建立一套教育目标分类的方法，用于教育系统进行目标分类。希望能对所有的教师、教育管理人员、专家以及从事课程与评价问题研究的人员有所帮助。（Bloom et al., 1956, p.1）

大约 50 年后的今天，布卢姆分类法仍在使用的事实证明了它对教育和心理学的贡献。美国国家教育研究学会（National Society for the Study of Education）发布的第 93 份年鉴《布卢姆教育目标分类学：40 年的回顾》（*Bloom's Taxonomy: A Forty-Year Retrospective*）记载了该手册的影响：

> 《教育目标分类学》可能是过去半个世纪里最有影响的教育专著之一。这本小册子从 1956 年出版到现在已近 40 年，但它仍然是讨论测验与评价、课程开发、教学和教师教育的标准参考资料。最新（1992 年）的《社会科学引文索引》显示，超过 150 条引文出自该手册。在最近一次有大约 200 位管理者和教师参加的会议上，当该手册的高级编辑让与会者以举手方式回答"你们当中有多少人听说过布卢姆分类法？"这个问题时，几乎所有与会者的手都举了起来。很少有教育出版物能在如此长的时间内得到这样的认可。（Anderson & Sosniak, 1994, p.vii）

对布卢姆分类法的多种用途和深入的讨论分析感兴趣的读者应该查阅美国国家教育研究学会1994年的年鉴。不过，以下的简要说明也是有用的。

布卢姆分类法的简要历史

对过去50多年教育的审视结果表明，布卢姆分类法对教育理论与实践产生了重要影响——尽管对二者的影响并不是均衡的。按照艾瑞森（Airasian, 1994）的说法，布卢姆分类法很好地融入了教育目标运动之中，后者在马杰（Mager, 1962）的《准备教学目标》（*Preparing Instructional Objectives*）一书出版后受到了全国瞩目。马杰的书基于这样的前提，即可以按照层级来组织认知任务，该书是为那些打算发展程序教学方法论的人提供帮助的。艾瑞森指出："由于这样的关系，可以想象，该分类法将是对程序教学的发展始终产生影响的工具。从某种意义上说，它的确是这样的。"（Airasian, 1994, p.87）达尔（Dale, 1967）解释说，布卢姆分类法成了一种结构框架，围绕这一框架展开了设计程序教学的许多初步尝试。然而艾瑞森（Airasian, 1994）反驳道，加涅（Gagne, 1977）的学习结果分类框架已经完全取代了布卢姆的分类法，成为程序教学的组织框架。尽管加涅的学习结果分类框架不像布卢姆的那么有层次，但它更易于转化为教学实践。

布卢姆分类法对课程的影响不大，对评价的影响却很大。1970年，泰勒（R. Tyler）设计了很好的评价模型。泰勒提出了基于目标的评价观念，以目标完成程度来对教学项目或教学措施进行评价（Madaus & Stufflebeam, 1989）。教学目标的陈述越详细，对教学项目的评价就越精确。利用布卢姆分类法，目标的水平可以被描述得很详细，这是过去所无法做到的。这就表明，布卢姆分类法是基于目标进行评价的有力工具。

对于那些依靠所谓的"规划、方案、预算编制系统"（planning, programming, budgeting system, PPBS）构建评价模型的人来说，布卢姆分类法也被证明是一个有用的工具。PPBS最初在美国五角大楼使用，这一系统按照泰勒基于目标的评价原则，会首先确定项目的预期成果，然后在该项目完成时再测量成果的达成度。在约翰逊总统展开所谓的反贫困战争之后，一个直接的后果是政府于1965年颁布了《中小学教育法》(Elementary and Secondary Education Act, ESEA)。PPBS被用作评价《中小学教育法》实施效果的主要工具,从此这一系统在教育界流行开来。根据该教育法令的第一条,资助金会被分配给一些低收入家庭儿童就读比例高的学校,用于对低学业成就的学生提供额外的教育服务。艾瑞森指出,"这是联邦政府历史上首次拨出大笔资金(开始时每年超过十亿美元)给地方学区,以满足条件不好的儿童的教育需要"(Airasian, 1994, p.89)。鉴于该法令第一条要求的为学校所提供的拨款规模,一些政治家要求相关人员报告资金使用成效以确保该项拨款得到恰当的使用。这样一来,PPBS成为首选的评估方案,布卢姆分类法则成为阐明方案目标的首选体系。

20世纪70年代也是美国实施州级大型测试的开始。实际上,在1960年,只有一个州规定开展全州范围的测试;到了1985年,这样做的州增加到32个。各州测试的目的都在于提供学生在某个学科领域的某些主题范围内的考试成绩信息,各州的测试都(至少是在一定程度上)采用了布卢姆分类法来确定学生的技能水平。到20世纪70年代中期,州级测试开始采用所谓的最低能力测验法。就像艾瑞森(Airasian, 1987)所解释的那样,最低能力测验与一般的测试相比,至少存在以下三方面的不同:(1)最低能力测验涉及各州范围内的所有学校和所有学生,而以前只是使用有代表性的学生样本;(2)规定取消了——至少是部分取消了——各学区在测试选择、管理、评分和解释等方面的许多自主权;(3)如果成绩没有达到特定级别的要求,测试将有相应的内置处罚措施。布卢姆分类法又一次被广泛地用于设计测试项目——相对于所谓高水平技能来说,这些项目测量的是低水平技能或基本技能。

20世纪80年代,更高阶的思维教学开始得到强调。这场运动伴随着对布卢姆分类法有效性的研究(随后章节将详细评述),也使大家对是否需要修改布卢姆分类法提高了认识。有一大批的书籍、文章和报告都支持开展思维和推理技能方面的教学。诸如国家教育委员会(Education Commission of the States, 1982)和大学入学考试委员会(College Entrance Examination Board, 1983)这样的重要组织都在强调思维教学。再如《国家处于危急中》(A Nation at

Risk)(National Commission on Excellence in Education,1983)这样高影响力的报告也指出,高阶思维的不足是美国教育的主要弱点。读者面很广的教育期刊,如《教育领导》(*Educational Leadership*)和《教育研究评论》(*Review of Educational Research*),整卷地讨论这一问题(Brandt,1986;Glasman & Pellegrino,1984)。有许多出版物都援引证据说明学生不会回答高水平的问题,不会运用所学知识。

1984年5月,课程开发与督导协会(Association for Supervision and Curriculum Development,ASCD)在威斯康星州拉辛市的翼展会议中心(Wingspread Conference Center)召集会议,探讨解决学生在完成高层次思维任务时表现不佳问题的措施。会议提出的一个建议是,应该更新布卢姆分类法,以便吸纳当下关于知识本质及认知本质的研究成果和理论(关于这次会议的讨论内容,参见:Marzano et al., 1988)。这次会议的直接结果是成立了思维教学合作协会(Association Collaborative for Teaching Thinking)。协会的正式参与者有28个,其中包括:

美国学校管理人员协会(American Association of School Administrators)

美国学校图书管理员协会(American Association of School Librarians)

美国教育研究协会(American Educational Research Association)

美国教师联合会(American Federation of Teachers)

课程开发与督导协会(Association for Supervision and Curriculum Development)

州首席学校官员理事会(Council of Chief State School Officers)

家政教育协会(Home Economics Education Association)

国际阅读协会(International Reading Association)

音乐教育工作者全国大会(Music Educators National Conference)

黑人学校教育工作者全国联盟(National Alliance of Black School Educators)

全国艺术教育协会(National Art Education Association)

全国小学校长协会(National Association of Elementary School Principals)

全国中学校长协会(National Association of Secondary School Principals)

全国社会研究理事会(National Council for the Social Studies)

全国英语教师理事会(National Council of Teachers of English)

全国数学教师理事会（National Council of Teachers of Mathematics）

全国教育协会（National Education Association）

全国中学协会（National Middle School Association）

全国学校董事会协会（National School Boards Association）

全国科学教师协会（National Science Teachers Association）

遗憾的是，该协会从未对布卢姆的分类法进行修订。

布卢姆分类法概要

鉴于本书的目的是更新布卢姆分类法，因此对它进行简要回顾是非常有益的。布卢姆分类法最一般的形式是将认知进程分为六个水平：

1.00 知识（knowledge）

2.00 理解（comprehension）

3.00 应用（application）

4.00 分析（analysis）

5.00 综合（synthesis）

6.00 评价（evaluation）

每个水平在设计时都被赋予了典型的特征。

1.00 知识

知识的操作定义为提取信息："这里定义的知识指的是思维和测试中的记忆运作——不管这种记忆借助的是对观点、材料或现象的再认还是回忆。"（Bloom et al., 1956, p. 62）对第一个类目的审视结果表明，布卢姆阐明了知识的具体类型，它包括以下类别和子类别：

1.10 具体知识（specifics）

 1.11 术语（terminology）

 1.12 事实（facts）

1.20 处理具体知识的方式和手段（ways and means of dealing with specifics）

 1.21 惯例（conventions）

　　　　1.22 趋势和顺序（trends and sequences）

　　　　1.23 分类和类别（classifications and categories）

　　　　1.24 标准（criteria）

　　　　1.25 方法论（methodology）

　　1.30 普适知识与抽象知识（universals and abstractions）

　　　　1.31 原则和概括（principles and generalizations）

　　　　1.32 理论和结构（theories and structures）

可见，布卢姆在对知识分类时把信息提取的认知过程与被提取的知识混淆在了一起。

2.00 理解

理解包含的智力技能和能力非常多。理解行为的核心特点是通过某种形式的交流领会新信息["当学生交流时，人们期望他们知道正在交流些什么，并能够运用蕴含在交流之中的材料或观点"（Bloom et al., 1956, p.89）]。布卢姆分类法所指的交流不限于语言形式（口头或书面）的信息表达。相反，信息可以通过符号或经验表达出来。学生如果需要了解某一演示背后所隐含的思想，就需要采取理解的行为。

布卢姆分类法描述了理解的三种形式：翻译、解释和推断。翻译（translation）指的是将传入的信息以与原有的编码方式不同的新的方式进行编码。例如，学生若用自己的话把一部有关龙卷风形成的电影中的信息加以概括，就意味着他们投入了翻译活动之中。翻译包含了对隐藏在输入信息中的文字结构的识别。解释（interpretation）"要求在头脑中把观点重新排列成新的形式"（Bloom et al., 1956, p.90）。推断（extrapolation）则超越了对信息表面水平的理解，它包含了基于交流中的表面信息以及学习者既有的原则和概括所进行的推理和预测（Bloom et al., 1956, p.90）。

3.00 应用

在布卢姆分类法中，认知技能的第三个水平，也即应用水平，可能是最不明确的。对应用，布卢姆是通过它与特定类型的知识，也即抽象知识之间的关系来描述的,也是通过它与分类法中其他水平的比较来定义的。为了说明这一点,布卢姆指出,对抽象知识的理解要求学生对抽象知识本身有充分的把握,从而——

> 在向他们提出要求时,他们能够正确地演示如何使用抽象知识。然而,"应用"的要求还要更进一步。例如,向学生提出一个新问题,不需要提示他们哪个抽象知识是正确的,或向他们示范在相关的情境中如何使用抽象知识,他们就能够使用合适的抽象知识。(Bloom et al., 1956, p. 120)

布卢姆进一步解释说,只有当抽象知识的使用情境被明确规定时,表现出来的才是抽象知识的理解。然而,当一个人在没有特定问题解决模型的情境下正确运用抽象知识时,表现出来的就是抽象知识的应用。

4.00 分析

在布卢姆分类法中,应用的定义是依赖于应用之外的类别来确定的。与此类似,分析的定义也是依赖于应用和理解来确定的。布卢姆指出:

> 理解的重点在于抓住材料的含义和意图。应用的重点则是记忆和运用与材料有关的恰当的概括或原则。分析则强调弄清各部分之间的关系及其组织的方式。(Bloom et al., 1956, p. 144)

分析被进一步划分为三个子类别:(1)对要素的识别或分类;(2)对要素之间关系的识别或分类;(3)对支配要素的组织原则的识别或分类。(Bloom et al., 1956, p. 145)

不可否认,这个类别与理解和评价有所重叠:"在分析和理解之间或分析和评价之间没有完全清晰的界线。"(Bloom et al., 1956, p. 144)

5.00 综合

综合主要涉及对新知识结构的概括。

> 这里综合被定义为把要素和部分整合起来形成一个整体。这是一项针对要素、部分等进行的工作，通过把它们整合起来，从而形成一种此前并不清晰的模式或结构。一般来说，这一过程涉及使用新材料重组部分先前的经验，重构一个或多或少要好一点的新复合体。(Bloom et al., 1956, p.162)

布卢姆解释说，这个认知类别很明显地要求学生具有创造性，因为它包含了新建构的且经常是独特的产物。产物的三个具体类目被界定为：(1) 独特的交流；(2) 一项计划或一组操作；(3) 一套抽象关系。

同样，布卢姆承认这个类别与先前的类别存在许多相似之处："理解、应用和分析也涉及把要素整合起来和意义的建构，但在执行这样的任务时，它们与综合相比显得零散的成分多一些，相互间的融合少一些。"(Bloom et al., 1956, p.162)

6.00 评价

评价涉及对知识的价值做出判断。按照布卢姆分类法，评价包含：

> 使用价值判断的准则和标准，以此鉴别被评价材料中的特定内容是否准确、有效、经济或令人满意。判断可以是定量的或定性的，价值判断标准可以由学生自定或由他人替学生确定。(Bloom et al., 1956, p.185)

这个类别包含两种形式的价值判断准则或证据：内部的和外部的。根据定义，评价是一种决策方式，是一种深思熟虑的决定，它与不假思索的决定正好相反。布卢姆认为后者是"意见"(opinions)，而不是"判断"(judgments)，因为根据定义，"判断"包含评价。

布卢姆分类法的问题

在教育实践中布卢姆分类法既有影响，也受到一些严厉的批评（Kreitzer & Madaus，1994）。最常见的一个批评就是它对思维的本质及思维与学习的关系的处理过于简单化（Furst，1994）。布卢姆分类法确实对学习的概念进行了拓展：从简单、单维且基于行为主义模型的概念，拓展为多维的、本质上更接近于建构主义的概念。它假定了一个相当简单的用于区分不同学习水平的难度结构：上位水平所包含的认知过程的难度比下位水平要大。然而，按照布卢姆分类法进行的研究根本不支持这个结构。例如，接受过布卢姆分类法培训的教育者始终无法确认，分类结构中属于较高水平的问题是否真的比较低水平的问题难度更大（Fairbrother，1975；Poole，1972；Stanley & Bolton，1957）。

布卢姆分类法存在的问题被作者间接地承认。这在他们对分析的讨论中已被证实："在教育上把分析视作实现充分理解（较低水平）的辅助工具或作为对材料进行评价的引子可能更为合理。"（Bloom et al.，1956，p.144）作者在对评价的讨论中，也承认了该分类法在结构上存在问题：

> 由于评价在一定程度上需要包含所有其他类别的行为，因而将评价放在认知领域的最后。但是，这并不等于说评价就是思维或解决问题的最后一步。在某些情况下，评价很可能是获得新知识的引子，是理解或应用上的新尝试，或者是新的分析和综合。（Bloom et al.，1956，p.185）

总之，从逻辑或经验的角度看，布卢姆分类法的层级结构并不令人信服。就像罗沃和斯隆所指出的那样，它"声称是层级结构，实际上，却仅仅和层级结构相似"（Rohwer & Sloane，1994，p.47）。

其他分类法

自从布卢姆分类法公布以来,其他人一直试图在其基础上做进一步更新和改善。莫斯利(Moseley, n. d.),以及德科克、斯利格斯和沃藤(de Kock, Sleegers, & Voeten, 2004)对这些修正进行了回顾和探讨。据统计,有20种以上的更新或修订。在这些修订中,与布卢姆分类法最为接近的是安德森等人(Anderson et al., 2001)所做的修订。它与布卢姆分类法的联系很多。事实上,安德森等人所著的书名——《学习、教学和评估的分类学:布卢姆教育目标分类学修订版》(*A Taxonomy for Learning, Teaching, and Assessing: A Revision of Bloom's Taxonomy of Educational Objectives*)清晰地显示了两者之间的联系,更何况,修订者之一的克拉斯沃尔(D. R. Krathwohl)就是布卢姆分类学理论的创立者之一。按照安德森等人的介绍,修订的内容包括:根据认知心理学的新发展、新成果,更新布卢姆分类法的框架,在阐述"现实例子"时使用更"通俗的语言"(Anderson et al., 2001, p. xxii)。

安德森等人构建的分类法包含两个基本维度。第一个维度涉及的是知识领域,包括知识的四种类型,即事实性知识(factual knowledge)、概念性知识(conceptual knowledge)、程序性知识(procedural knowledge)和元认知知识(metacognitive knowledge)。事实性知识指"为了熟悉一门学科或解决该学科的问题,学生必须知道的基本要素"(Anderson et al., 2001, p. 29)。概念性知识指"在一个较大的结构中,相互作用的各基本要素之间的相互关系"(Anderson et al., 2001, p. 29)。程序性知识指"怎样做事,调查的方法,以及运用技能、算法、技巧和方法的准则"(Anderson et al., 2001, p. 29)。元认知知识指"一般性的认知知识以及关于自我认知的意识和知识"(Anderson et al., 2001, p. 29)。

第二个维度涉及的是认知过程领域,包括思维的六种类型。记忆(remembering)指提取"长时记忆中的相关知识"(Anderson et al., 2001, p. 31)。理解(understanding)指"从口头文字、书面文字和图像等形式交流的信息中建构意义"。应用(applying)指"在给定的情境中实施或运用一套程序"。分析（analyzing）指把材料分解成它的组成部分并决定"各部分之间及其与整体结构或目标之间的相互关系"。评价（evaluating）指"基于标准或准则的判断"。创造（creating）指"将要素加以整合成为连贯的或具备某种功能的整体"，并将要素加以重组，"成为一个新的模型或结构"（Anderson et al., 2001, p. 31）。

依据上面定义的两个维度中的要素，我们可以对教育目标进行分类。为了说明这一点，安德森等人提供了教师在科学课上可能确定的目标："学生将学习如何把'减少使用—多次利用—循环利用'的方法应用到环境保护中。"（Anderson et al., 2001, p. 32）因为这一目标包含了关于"做某事"的知识，从知识维度看可以将其归为程序性知识。也因这个目标还包括要"实施"某事，从认知过程维度看可以将其归为应用。

当然，安德森等人给布卢姆等人的原作增添了影响力。此外，安德森等人的分类法与本书中介绍的模型有很多相似之处，这一点将在随后的章节加以说明。然而，随后的讨论将表明，本书介绍的新分类法不会重犯布卢姆分类法及其修订版中的错误，新模型在转化为课堂教学实践方面可以说对教师更为友好。

新分类法的理论基础

如上所述，布卢姆及其同事（和几乎所有布卢姆分类法的修订版或改编版）所采用的方法存在着一个问题，就是它试图把难度作为分类法中区分不同水平的基础。评价活动被假定比综合活动的难度大，综合活动又比分析活动的难度大，如此类推。任何企图以心智过程的难度为基础来设计分类法的努力最终都注定要失败，因为心理学的一条难以动摇的原则就是，即使是最复杂的心智过程也可以几乎不通过或根本不用通过有意识的努力来习得（Anderson, 1983, 1990b, 1995; LaBerge, 1995; LaBerge & Samuels, 1974）。心智过程的难度至少与两个因素——心智过程本身固有的复杂性和个体对该心智过程的熟悉程度有关。心智过程的复杂性是恒定的——步骤的多少及其相互间的关系不会改变。然而，对心智过程的熟悉程度会随着时间推移而变化。个体对心智过程越熟悉，实施的速度就越快，心智过程就会变得越容易。举一个简单的例子，在交通高峰期的高速路上驾驶汽车是很复杂的，它涉及的互动及配套过程非常多，而每一种都包含了大量的组成部分。然而，大多数经验丰富的司机不认为这样的任务困难，他们经常在开车的同时做其他与开车无关的事，如接听电话、听收音机等。

尽管心智过程不能按难度来划分等级，但可以根据控制关系来排序：有些过程控制着其他过程的运作。本书用来设计新分类法的模型如图 1.1 所示。

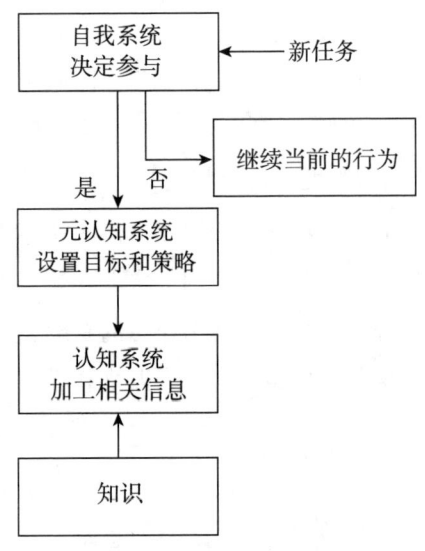

图 1.1　行为的模型

图 1.1 中的模型不仅描述了人是怎样决定是否在某个时段投入一项新任务的，而且解释了一旦做出这样的决定，信息是怎样被加工的。该模型呈现了三个心理系统，即自我系统（the self-system）、元认知系统（the metacognitive system）和认知系统（the cognitive system）。该模型的第四个组成要素是知识（knowledge）。

在这个模型中，新任务（new task）被定义为个体在某个特定时段改变正做着的事情或所从事的活动的机会。例如，假设在科学课上，一个学生正在想象放学后将要参加的某项社会活动，其精力和注意力都集中在此活动上面。然而，如果任课教师叫该学生注意正在呈现的科学课的新内容，他就要面对一项新任务进而做出决定。所做出的决定及随后的行动将由学生的自我系统、元认知系统、认知系统以及知识之间的互动来决定。具体地说，首先启动的是自我系统，其次是元认知系统，最后是认知系统。所有这三个系统都需要运用学生的知识储备。

三个系统与知识

自我系统由一个相互联系的信念和目标网络组成（Csikszentmihalyi，1990；Harter，1980；Markus & Ruvulo，1990），用于对从事一项新任务的合理性做出判断。自我系统也是激发个体的动机，使其投入到任务中去的最重要的决定因素（Garcia & Pintrich，1991，1993，1995；Pintrich & Garcia，1992）。如果个体认为一项任务是重要的，其完成的可能性高，而且能产生积极的影响，个体的动机就会被激发起来从而投入到新任务中去（Ajzen，1985；Ajzen & Fishbein，1977，1980；Ajzen & Madden，1986）。如果个体认为新任务完成的可能性低，或与成功关系不大，而且有负面的影响，其从事该任务的动机水平就会低。学生要能够积极地学习新的科学信息，就应相信新的科学信息比社会活动更重要，相信新的科学信息是可以理解的，并且对它没有强的负面情绪。

如果一项新任务被选中，此时元认知系统就启动了。元认知系统最初的一项工作就是为新任务建立相关的目标（Schank & Abelson，1977）。一旦目标建立，这个元认知系统就会负责设计策略以达成所确定的目标（Sternberg，1977，1984a，1984b，1986a，1986b）。就科学课上的学生来说，元认知系统将负责确立与新信息相关的学习目标，并为达成这些目标而设计策略。元认知系统一旦启动，就会与认知系统进行持续的互动。

认知系统所负责的有效的信息处理对于任务的完成来说是基本的。它负责分析操作，比如推断、比较和分类等。例如，上面例子中的学生听到新信息后，毫无疑问地，他需要对所听到的信息进行推断，并与他已知的信息进行比较，等等。

最后，对于任何新任务，能否完成在很大程度上取决于个体对这项任务所拥有的知识（Anderson，1995；Lindsay & Norman，1977）。例如，科学课堂上的那位学生对学习目标的达成程度在很大程度上将取决于他在相关科学领域里所拥有的知识。

新分类法简介

上面的描述为图1.2所示的新分类法提供了理论基础。

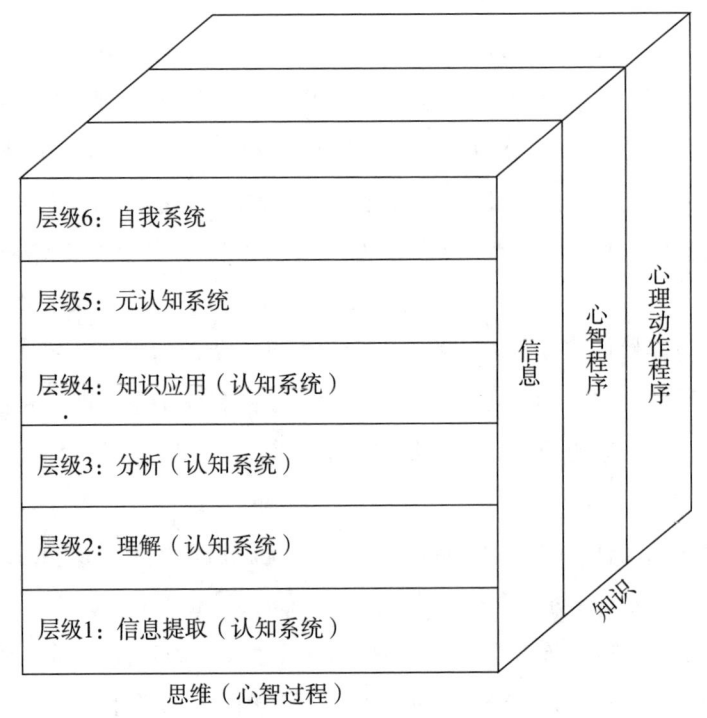

图1.2　新分类法

以下是对新分类法的一个简要介绍。图1.2左侧画的是三个思维系统，其中认知系统分为四个子系统。右侧是知识的三种类型或三个领域，即信息、心智程序和心理动作程序。上面提到的科学课上学生的例子涉及的就是信息，特别是关于科学的信息。如果上课的是写作教师，他希望学生做某项编辑技能的练习，那么涉及的就是心智程序。如果上课的是体育教师，他想让学生做伸展运动,那么涉及的就是心理动作程序。

实际上,新分类法是一个二维模型:一维是思维(心智过程),分为六个层次;另一维是知识,有三种类型。在这两个维度内,教育目标很容易被分类。为了说明这一点,我们再来看看安德森等人用来说明他们的分类法是如何对教育目标进行分类的例子:"学生将学习如何把'减少使用—多次利用—循环利用'的方法应用到环境保护中。"(Anderson et al., 2001, p. 32)在新分类法中,这个目标被划分为心智过程维度中的分析活动(认知系统),同时涉及知识维度中的信息。这个分类与运用安德森等人的分类法所获得的分类很不相同,在安德森等人的分类法中,它被归为认知过程维度中的应用和知识维度中的程序性知识。在下一节我们将看到,从这两种新分类法的运用和解释的角度来看,这些差别是很重要的。

在第2、3、4章,我们将阐述新分类法各个组成部分的研究和理论基础,以及它们如何为理解心智过程和知识类型之间的关系提供了一个背景或框架。在第5、6章,我们将解释在教育环境中运用新分类法的多种方式。最明显的用途就是把它当作工具用来设计教育目标并进行分类。前面的例子关注的重点就是对教育目标进行分类——由教师说出所期望的结果,然后用新分类法来确定知识类型和所用的心智过程。对目标进行分类本质上是一种事后的活动。新分类法也能用来生成目标。运用新分类法能确保目标涉及特定的知识类型和心智过程。

新分类法的第二种用途是作为设计考评的框架。第5章将用事例说明考评是明确表达目标的自然结果。也就是说,用目标建立起标靶,再通过考评判断朝向标靶前进的幅度。不同类型的目标需要不同类型的考评。所以,新分类法为设计和理解课堂考评提供了一个框架。

新分类法的第三种用途是作为重新设计国家和地区教育标准的框架,使它们对学生而言更具解释力和操作性。毫不夸张地说,自从教育标准运动(the standards movement)开始以来,标准就已渗透到美国基础教育(K-12)之中。格拉泽和林解释说:

> 回顾我们国家的教育改革运动,20世纪的最后十年无疑将被认为是

非常关注国家教育标准的时期。对标准的报道证实了联邦和各州议员、总统和州长候选人、教师和学科专家、议会、政府机构和私人基金会做出的努力。(Glaser & Linn, 1993, p. xiii)

格拉泽和林在20世纪末提出了他们的看法。没有任何迹象表明，教育标准运动在21世纪初就失去了发展的势头。教育标准运动在美国的发展势头一直都相当强劲，它产生的问题可能与它解决的问题一样多，其中最突出的一点就是标准文件不容易被转化为课堂实践。为了解决这个问题，许多研究者和理论家要求修改标准文件（Ainsworth, 2003a, 2003b; Reeves, 2002）。特别是肯德尔（Kendall, 2000）的论述表明，改写标准文件可以成为教师教学的有用工具。正如第5章所阐明的，新分类法能被用作重塑国家标准文件的框架。

新分类法的第四种用途是作为课程设计的框架。新分类法中的不同层级可以被看作是构成课程设计基础的各类任务。不同类型的任务，服务于不同的目的。知识应用任务要求学生应用知识，分析任务要求学生从不同角度考察知识。实际上，教师对任务的设置和排列就构成一堂课的课程。

新分类法的第五种用途是作为思维技能课程的框架。雷斯尼克在她的《教育与学会思考》(*Education and Learning to Think*) 一书中阐述了设计与实施心智技能或思维技能课程的必要性。她告诫说，这样的课程不应被认为是"高阶"（higher order）课程，可以在学生通过练习和实践掌握了知识领域的基础知识之后再教给他们。高阶课程通常会被预留给那些表现出非凡才能的学生。但事实上，这样的思维技能课程应在尽可能低的年级嵌入传统的学科领域："事实上，研究表明，未能对思维进行培养，……可能是小学阶段学生学习困难产生的主要原因。"（Resnick, 1987, p. 8）为此，新分类法可以成为说明思维技能与流程的基础，这些技能和流程可以配合传统的学科内容加以传授。

第5、6章将详细讨论新分类法的各种用途。

新分类法、布卢姆分类法以及安德森等人的修订版

那么，图1.1所示的模型（包括从其转化而来的图1.2所示的分类法）

在布卢姆分类法的基础上做了哪些改进呢？至少有两方面的改进。首先，它提出了一个关于人类思维的模型或理论而不是一个框架。从技术上讲，模型和理论是允许人对现象进行预测的系统；而框架则将相关的原则松散地组合起来，以便对特定现象的特点进行描述，但无须对现象做出预测（对模型、理论和框架的讨论，可参见：Anderson，1990a）。根据定义，布卢姆分类法是一个框架，因为它描述了信息加工的六个一般类型，这在帮助教育者理解学习的多面性本质方面确实是有用的。加涅在他的《学习的条件》（*Conditions of Learning*）中指出，分类学学者的创造性贡献就在于其对各类学习的理解发挥了引导作用。然而布卢姆分类法并不是为预测具体行为而设计的（Rohwer & Sloane，1994），它不是模型或理论。而借助图 1.1 中的描述，我们能够预测具体情境中的具体行为。例如，在对某个人的自我系统内的理念有所理解之后，我们就可以预测，这个人将对给定的任务予以什么样的关注、表现出什么样的动机。

其次（与此讨论有关且更重要的）是它对布卢姆分类法的改进。从如下两方面的准则出发——信息流动和意识水平——这里提出的理论可以用于对人类思维的层级系统做出合理的设计。这里我们简要地思考一下信息流动的准则。与意识水平相关的准则的讨论放在第 3 章末尾，届时我们将阐明新分类法的细节。

在信息流动方面，总是首先从自我系统开始，再到元认知系统，然后到认知系统，最后到知识领域。此外，系统内处于较高层级的因素状况会影响系统内层级较低因素的状况。例如，如果自我系统不能认定所给定的任务是重要的，个体就不会投入该任务，或者就会以较低的动机水平投入其中。如果任务被认为是重要的但元认知系统未建立清晰的目标，任务的执行就会失败。如果建立了清晰的目标并对它进行了有效监控，但是认知系统内的信息加工过程没有有效地运作，任务也不能被实施。这三个系统真实地反映了信息加工过程的层级结构。

鉴于安德森等人的分类法与布卢姆分类法的联系，我们也应该把它与新分类法进行对比。安德森等人的分类法在很大程度上有着与布卢姆分类法相同的长处与弱点。这是因为它所做的是（至少部分是）修订，其目的是把当代教育者的注意力集中在原著上:"首先,需要让教育者的注意力重新集中在原手册上——不仅是作为历史文件,而且是在许多方面'领先于它的时代'的文件。"(Anderson et al., 2001, p. xxi)由于安德森等人的分类法与布卢姆分类法的这种预先设定的纽带关系,它也必然有着布卢姆分类法所固有的弱点,即默认以难度为标尺来排列水平的顺序。安德森等人指出,"构成认知过程维度基础的连续性被假定为认知的复杂性,即在认知上,理解被认为比记忆更复杂,应用比理解更复杂,等等"(Anderson et al., 2001, p. 5)。

尽管安德森等人的分类法是布卢姆分类法的修订版,但是它与新分类法也有一些明显的相似处。最值得注意的是,安德森等人的分类法的两个维度与新分类法的两个维度很相似。安德森等人的分类法中有一个知识维度和一个认知过程维度,新分类法中有一个知识维度和一个心智过程维度。从表面上看,两个分类法都通过考虑教学指向的知识类型和教学任务中知识的心智加工类型来对教育目标进行分类。这两个分类法都采纳了泰勒的建议来陈述目标:"陈述目标最有用的方式是确定学生所发展的行为类型与知识内容,……其中,行为要是可操作的。"(Tyler, 1949b, p. 30)

然而,这两个分类法的维度明显不同。第一,新分类法明确指出,学习过程包含了认知、情感和心理动作等方面,心理动作是知识领域的一个方面,而情绪反应检查是自我系统的一个重要方面(见第3章)。就像其标题所示,布卢姆原著针对的就是认知维度。然而,情感维度的分类目标也跟着被开发出来了(Krathwohl, Bloom, & Masia, 1964),布卢姆和他的合作者还打算发展心理动作维度的分类目标。安德森等人的分类法并没有明确地论述这些区别。他们解释说,布卢姆分类法"把目标分成三个维度:认知、情感和心理动作。这个决定一直受到公正合理的批评,因为它把同一目标的几个方面孤立起来,事实上几乎每个认知目标都具有情感成分"(Anderson et al., 2001, p. 258)。为了避免像布卢姆一样受到批评,安德森等人将分类法的重点放在了认知维度上:"通过有意地聚焦于认知维度,修订本忽略了这一问题。"(Anderson et al., 2001, p. 259)由于这样的高度聚焦,安德森等人承认他们分类法中的元认知知识类别"从某些方面来说,在认知维度与情感维度之间架起了桥梁"(Anderson et al., 2001, p. 259)。

新分类法与安德森等人的分类法的另一个重要区别涉及元认知的安排。在新分类法中，元认知系统被置于认知系统之上，目标由元认知系统来建立，而且一个人在具体的学习情境中是否有明确的目标会影响到认知加工实际运用的类别和水平。这样，在新分类法中，元认知表示一种作用于题材内容的加工过程。在安德森等人（Anderson et al., 2001）的分类法中，元认知被置于与题材内容相同的维度，如同事实性知识、概念性知识和程序性知识。显然，把元认知置于何处需要进行大量的讨论。安德森等人指出："在为修订分类法做准备的会议期间，讨论得最频繁和最详细的就是要不要列入元认知知识以及将它放在哪个位置才恰当。"（Anderson et al., 2001, p.44）他们进一步讲，在"长时间关注了（这个问题）之后"（Anderson et al., 2001, p.44），元认知被置于知识维度。令人感兴趣的是，他们认为将元认知放在这个维度并不是很适合："当然，元认知知识并不具有与其他三种知识类别相同的地位。"（Anderson et al., 2001, p.44）

两种分类法的第三个主要区别体现在自我系统方面。在新分类法中，自我系统被置于分类法层级结构的最上层，因为它控制着学习者是否投入新任务，以及学习者在选择投入新任务之后具有的动机水平，或者说投入的力量有多大。基于弗拉维尔（Flavell, 1979）早期的一篇文章中提出的主张，在安德森等人的分类法中，自我系统被视为元认知知识的一个方面。1979年，弗拉维尔以一个现实的个案为例，将自我系统作为元认知的一个方面。从那以后，有相当多的研究和理论表明自我系统是人类思维中有别于元认知系统的又一个核心方面。正如西卡森特米哈伊所指出的：

> 自我当然不是一般的信息。……事实上，它（几乎）包含一切，……渗透在所有意识之中：所有的记忆、行为、欲望、欢乐和痛苦都包括在内。更重要的是，自我反映着人们多年来通过点滴积累而构建起来的目标体系。……不管什么时候，我们通常感知的只是其中的一小部分。（Csikszentmihalyi, 1990, p.34）

总之，安德森等人的分类法与新分类法之间虽有相似之处，但两者在结构上存在显著的差异,教育者对两种分类法的使用也有显著的不同。

小　　结

　　本章的开头先简要地讨论了布卢姆分类法的本质和影响,在承认它对教育实践具有广泛而深刻的影响的同时,着重指出了它(包括其他改编和修订的版本)的结构内部存在的问题,进而提出了构成新分类法基础的一个模型。该模型假定心智过程包含三个系统,即自我系统、元认知系统和认知系统,它们之间存在层级关系。

第 2 章　知识领域

布卢姆分类法与新分类法的一个区别就在于新分类法把各类知识与运用知识的心智过程分离开来（如图 2.1 所示）。

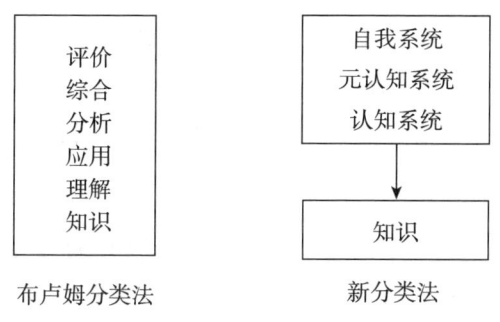

图 2.1　两种分类法中的知识

一方面，如同第 1 章描述的那样，布卢姆等人在其分类法中把知识定义为认知操作中的回忆或再认：

> 我们认为，知识意味着学生能够回忆或再认教育过程中所获得的一些观点或现象。出于分类的目的，我们把知识定义为以最初接触观点和现象差不多的方式记住它们。（Bloom et al., 1956, pp.28-29）

另一方面，布卢姆将知识进一步细分为一些亚类。包括：

术语

事实

惯例

趋势和顺序

分类和类别

标准

方法论

原则和概括

理论和结构

这样，在布卢姆的知识类别里，不仅包括了各种不同类型的知识，而且也纳入了对它们进行回忆或再认的能力。这种把多种类型的知识与作用于知识的各种思维运作混淆在一起的做法是布卢姆分类法的主要缺点之一，因为从定义上看，它混淆了行为的对象与行为本身。布卢姆用一种略带自责的方式指出，在他的分类法中知识这个水平与其他五个水平之间存在着根本不同。为了将知识水平与其他五个水平加以区分，他对"心智能力和技能"进行了详细讨论（Bloom et al., 1956）。这样，布卢姆含蓄地承认了知识与对知识所进行的思维运作之间的区别，但是在他的分类法的基本结构中，他把这两者混同起来了。

为了避免这种混乱，新分类法将知识划分为三种不同的类型，它们都由三个思维系统及其子系统来加工。由于思维系统的运作具有顺序，这使得分类体系也呈现出层级结构。后面的章节将会谈到，这些不同层级的心智操作与三种类型的知识进行着方式各异的互动。本章介绍的是这三种知识类型。

知识的类型

知识在使一个人成功地从事一项新任务中起着关键作用。学生可能有很强的动机执行任务（自我系统），建立与任务相关的具体目标（元认知系统），甚至具有一系列敏锐的分析技巧（认知系统），然而，除非这个学生具备完成任务所需要的知识，否则这些心智过程发挥的作用将是极小的。

知识可分为三种类型：信息、心智程序和心理动作程序。任何学科领域都可以根据它所包含的这三类知识的多少来进行描述。例如，地理学科包含了各种位置、气候类型以及地理位置对所在地区发展的影响等信息知识；与地理相联系的知识也包括心智程序，如怎样阅读和使用等高线地图或行政区划地图；与地理学科相关的心理动作程序知识就算是有的话，也是非常少的。而驾驶飞机则需要大量的心理动作程序知识。例如，飞行员必须掌握诸如起飞和着陆的驾驶动作技能。成为一名合格的飞行员必须具备一些信息知识，包括对特定概念的理解，如升力和阻力。最后，一名合格的飞行员还必须具备一些心智程序知识，包括快速审视和解读仪表数据的策略。

考虑到这些类型的知识所固有的区别，把它们看作是认知系统、元认知系统和自我系统所作用的相互关联的领域是有益的。

信　　息

信息，有时指陈述性知识（declarative knowledge），它本身就具有层级结构的性质。在这一层级结构的底层是词语（vocabulary terms）。词语是一个词或短语，学生应该准确地知道有关的词语，但不一定需要深入理解。例如，学生可能明白"可能性"这个词，但并不完全知道该词不同用法间的细微区别。这并不是说词语知识不重要。事实上，学生只有对某一学科领域里的基本词语有一定数量的把握，才能理解该学科领域的事实、延拓和规则（Marzano，2004）。这就解释了为什么教师通常要花一定的时间进行词语教学。正如布卢姆在对流行的教科书进行分析之后总结的那样，教科书通常每章介绍100—150个新词语（Bloom et al.，1956，p. 25）。

在词语上一个层级的是事实。事实是关于具体的人、地点、事物和事件的信息。比如，"葛底斯堡战役对美国南北战争的结果来说是至关重要的"是一个事实。为了弄明白这个事实，学生必须懂得相关的词语，如"至关重要的"和"结果"。在层级结构的顶部是更一般的结构，如延拓和规则。"有时特定的战役对战争胜负的影响是与其本身的规模不成比例的"这样的陈述属于延拓。虽然词语和事实都很重要，但延拓却有助于学生发展宽广的知识基础，因为它们更容易被迁移到不同的情境中。例如，前面的延拓可以应用到不同的国家、情境和年代，而葛底斯堡战役作为一个具体事件，这一事实是不能被直接迁移到其他情境中去的。这并不是说事实不重要；相反，要真正理解延拓，学生必须有典型的事实作为基础。例如，为了理解特定战役的影响这个延拓，学生需要具有丰富的典型事实，葛底斯堡战役的事实可能就是其中之一。

信息所包含的各类知识的详细描述如表2.1所示。

表2.1　信息知识的类型

词语
最具体的信息知识是词语。在这个系统里，懂得一个词语意味着能以一般方式理解一个词的意义。例如，当学生在词语层次上理解陈述性知识时，他就对这个词的含义有了一般性的理解，而且没有产生严重的误解。把课堂内容按词语进行组织，就是把它们作为独立的单词和短语汇集起来。预期的情景是，学生能准确地知道这些词语的意义，但停留在表面化的理解上。
事实
事实是非常具体的信息内容。事实传达关于具体的人、地点、生命体、非生命体以及事件的信息。它们通常表达下面的信息： 　●某个真实的或虚构的人物的特点（例如，虚构人物罗宾汉最早出现在19世纪初的英国文学作品中①)。 　●某个具体地点的特点（例如，丹佛位于科罗拉多州）。 　●某个具体的生命体或非生命体的特点（例如，我的狗特菲是一只金毛寻回犬，帝国大厦高达100多层）。 　●某个具体事件的特点（例如，比萨斜塔的建设始于1174年）。
时序
时序是发生在两个时间点之间的重要事件。例如，在1963年11月22日肯尼迪总统被暗杀和1963年11月25日他葬礼之间发生的事件，在大多数人的记忆中被组织成了一个时序。先发生某一件事，接着是另一件事，然后又是另外一件事——就像在"规则"部分所描述的那样，时序可能包括一些有因果关系的要素。

---

① 对罗宾汉出现在英国文学作品中的时间，人们存在着不同的认识。——译者注

续表

延拓
延拓是能够得到事例支持的一种说法。例如，"美国总统通常来自有巨大财富或影响力的家庭"就是一个延拓，因为可以给它提供事例。有时我们比较容易把延拓和事实相互混淆。事实确定的是具体的人、地点、生命体、非生命体以及事件的特点，而延拓确定的是某一类型的人、地点、生命体、非生命体以及事件的特点。例如，"我的狗特菲是一只金毛寻回犬"陈述的是一个事实，然而"金毛寻回犬是好猎犬"陈述的就是一个延拓。延拓确定的是经过抽象的特点。具体地说，抽象的信息总是用延拓的形式进行陈述。下面是各种类型的延拓的例子： ● 某类人的特点（例如，要成为消防员至少需要两年的训练）。 ● 某类地点的特点（例如，大城市的犯罪率高）。 ● 某类生命体或非生命体的特点（例如，金毛寻回犬是好猎犬，枪支是大辩论的主题）。 ● 某类事件的特点（例如，每年的超级碗是一流的体育赛事）。 ● 某类抽象事物的特点（例如，爱是人类最强烈的情感之一）。
规则
规则是对特定类型的事物关系的一般性陈述。一般地说，在与学校有关的陈述性知识中可以发现两种规则：因果规则和相关规则。 　　因果规则。因果规则阐明因果关系。例如，"结核病是由结核杆菌引起的"讲的就是因果规则。虽然这里没有明说，但是理解因果规则包括理解系统内具体要素的知识和这些要素相互间的确切关系。这就是说，要理解关于结核病和结核杆菌的因果规则，就需要理解所发生的事件的时序，涉及的要素，以及这些要素之间关系的类型与强度。简而言之，理解因果规则需要大量的信息。 　　相关规则。相关规则描述的关系不一定具有因果关系的性质，但是一个因素的变化会与另一个因素的变化有关。例如，下面涉及的就是相关规则："患肺癌妇女数量的增加是与吸烟妇女数量的增加成正比的。" 　　同样，为了理解这一规则，学生需要懂得这种关系的具体细节。具体地说，学生需要懂得这种关系的一般模式，也就是说，患肺癌妇女数量变化的速度与吸烟妇女数量变化的速度相同。 　　这两种类型的规则有时会与包含了因果关系的时序相混淆。具有因果关系的时序只适用于某个具体的情境，而规则适用于许多情境。南北战争爆发的原因加在一起只代表了具有因果关系的时序，它们只适用于南北战争而已。然而，联系结核病和结核杆菌的因果规则适用于许多不同的情境和许多不同的人。医生运用这个规则对各种情况和各种各样的人做出判断。规则与时序的主要区别是规则可以运用在许多情境中，而时序则不能，它们只适用于单一情境。

熟悉信息类型的人可能注意到，表2.1并没有将概念列进去，虽然在其他的讨论中通常会将概念列入其中（Carroll，1964；Klausmeier，1985；Klausmeier & Sipple，1980；Tennyson & Cocchiarella，1986）。这是因为其他理论家所描述的概念与本书所描述的规则含义基本相同。为了说明这一点，请看加涅的描述，他认为概念是"特定种类的规则，一种分类的规则"（Gagne，1977，p.134）。这正是表2.1中对规则所规定的特征。也就是说，其他文献中所讨论的概念与新分类法中所定义的延拓或规则基本上是一致的。

信息由许多要素组成，其范围从词语直至各类规则。要达成新分类法的目的，对这些信息做进一步的归类是恰当和有益的。我们可以把信息要素归为两大类：细节和事理。细节包括词语、事实和时序；事理包括延拓和规则。如下所列：

细节
  词语
  事实
  时序
事理
  延拓
  规则

后面的章节将会说明，认知系统、元认知系统和自我系统这三个心智系统在与信息发生互动的时候，在上述两个类别内部，互动的方式是相同的；在这两个类别之间，互动的方式就有所不同。也就是说，认知系统作用于时序和事实的方式是相同的，因为两者都属于细节。同样，认知系统作用于延拓与规则的方式也是相同的，因为两者都属于事理。然而，认知系统作用于延拓的方式与它作用于时序的方式就不相同。

对新分类法的讨论来说，比较重要的一点是信息知识的一个特征，即信息知识在记忆中的表征方式。一些心理学家断言，记忆中的信息知识是以命题的形式存在的。在心理学和语言学中，有关命题结构的说法有很多（Frederiksen，1975；Kintsch，1974；Norman & Rumelhart，1975）。简单地说，"命题是表达独立见解的最小的心智单位，也就是说，对判断真伪有意义的最小单位"（Anderson，1990b，p.123）。H. H. 克拉克和 E. V. 克拉克（Clark & Clark，1977）曾指出，命题的类型是有限的。表 2.2 描述了命题的主要类型。

表 2.2 命题的主要类型

1. 马克斯步行	5. 马克斯给莫莉一个玩具
2. 马克斯长得帅	6. 马克斯走得慢
3. 马克斯吃水果	7. 马克斯用枕头打比尔
4. 马克斯在伦敦	8. 悲伤压倒了马克斯

表 2.2 中的每个陈述都能被证实或推翻，然而，它们的组成部分却不能。也就是说，一个人可以对"马克斯步行"或"马克斯长得帅"是否真实做出判断，但是，不能肯定或否定其中孤立存在的成分，如"马克斯"、"步行"或"长得帅"，即命题可被看作是信息存储的最基本形式。

命题可组合成网络来表达复杂的信息。图 2.2 表示的命题网络是"比尔去药店。在那里，他遇见了他的妹妹。他们一起给他们的父亲买了一件外套"。

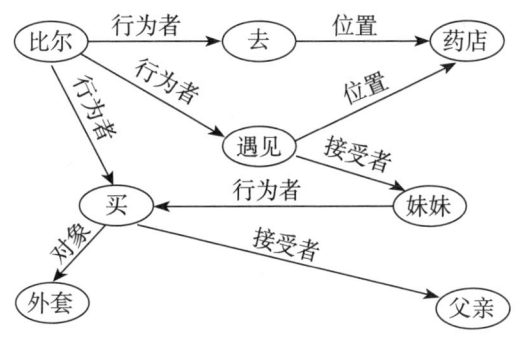

图 2.2 命题的网络

注意，图 2.2 的箭头线上标注有"行为者"、"对象"、"位置"和"接受者"。这些表示两个命题之间和命题内的两个要素之间的各种关系（有关命题网络中的关系类型的讨论，参见：Chafe，1970；Fillmore，1968；Turner & Greene，1977）。

心 智 程 序

　　心智程序有时指程序性知识，它在形式和功能上与信息或陈述性知识有所不同。一些心理学家认为，程序性知识与陈述性知识之间有着根本的区别。例如，心理学家斯诺和洛曼指出，从指导教育实践的角度来看，"陈述性知识与程序性知识，或者更简单地说，内容知识与程序知识之间的区别"是最基本的（Snow & Lohman，1989，p. 266）。

　　程序性知识可被看作是"怎么做"的知识，而陈述性知识则是"是什么"的知识。例如，怎样驾驶小汽车或怎样做多位数除法的知识本质上是程序性知识。程序性知识在记忆中存储的方式与新分类法的有关讨论高度相关。

　　心理学家安德森（Anderson，1983）把程序性知识的基本性质描述为一种"如果……，那么……"的结构，并将其称为"产出"（productions）。产出的结构与命题网络的结构不同。为了说明这一点，请看表 2.3 中的例子，这是多位数减法程序的产出网络的一部分。

表 2.3　多位数减法的产出网络

1a	如果要做的是多位数减法，	1b	那么，要处理的是位于最右面的数位。
2a	如果当前这一数位已经有了答案，并且在它左边还有一位的话，	2b	那么，要处理的是左边的数位。
3a	如果要处理的某一数位底下一行没有数字，或者数字为 0，	3b	那么，把上面一行的数字记为答案，等等。

　　最后，整个网络所含有的"如果……，那么……"对子的数量，也就是产出的数量（有关产出网络的深入讨论，参见：Anderson，1983，1990a，1990b，1995）。由此可知，心智程序领域的知识与信息领域的知识在结构上是不同的。

对于新分类法来说，心智程序领域知识的另一个特征是很重要的，那就是学习心智程序的方式。具体地说，获得或掌握心智程序包括比较明显的三个阶段。菲茨（Fitts，1964）称第一阶段为认知阶段（cognitive stage）。这时学习者不仅能用语言表述这个过程（如果被问及，能给予描述），而且能够加以实施且不至于有大的走样。按照安德森（Anderson，1983）的看法，在学习者复述应用心智程序所需要的信息这一阶段，对语言这个中介进行观察是很普遍的做法。在第二阶段，即关联阶段（associative stage），程序应用的过程显得比较顺畅。此时，初期对程序的错误理解会在言语复述的过程中被觉察和删除。第三阶段即自主阶段（autonomous stage），此时程序被完善。在这个阶段，程序变成自动的（LaBerge & Samuels，1974），曾经要求学习者铭记的程序被自动地执行并几乎不占工作记忆可利用的空间。

对于新分类法来说，达到这些阶段是很重要的，因为从实际运用的角度来看，在认知阶段获得的程序性知识与信息知识是相同的。比如，在学习多位数减法的第一阶段，学生可能会描述整个程序，甚至回答关于它的问题，但是他们可能不能真正地做运算。这样，即使这个程序具有产出结构，学习者也只能以理解信息知识的方式对它进行理解。后面的章节将讨论到，在新分类法的各个层级中，程序性知识的这种特点决定了它在心智过程中如何起作用。

和信息领域一样，心智程序领域可以划分出一个简单的层级结构。在这个层级结构的顶部是非常有活力的程序，它们可能有多种产出和结果，并有许多相互关联的子程序在起作用。从技术上说，这种操作涉及所谓的"宏程序"（macro-procedures）（Marzano & Kendall，1996a）。所谓"宏"（macro）是指这个程序很复杂，有许多需要以某种形式加以管理的子程序。例如，写作的程序就具备宏程序的基本特点。即使是写相同的话题且采用相同的步骤，不同的学生也会写出迥异的作文。

处于心智程序层级结构中间的，是那些不会像宏程序一样产生多样的产出，也不包含各种成分的心智程序。这些程序通常被称为要领（tactics）（Snowman & McCown，1984）。例如，一个人可能有一个读直方图的要领。要领不包括一系列必须按特定的顺序执行的步骤。相反，它是由一个整体的实施流程中的一般规则组成的。读直方图的要领可能包括下列规则：（1）识别图中描述的要素；（2）判断图中每个轴所表示的含义；（3）判断图中两个轴上要素之间的关系。这些规则虽然有一般的操作模型，但没有刚性或规定的顺序。

算法是一旦学会通常就不会在运作中有所改变的心智程序。它们有非常特别的步骤和结果。前面提到的多位数减法就是算法的一个例证，算法只有通过学习并达到自动化的水平才有用。

心智程序最简单的类型是单一规则或一组没有固定顺序的规则。单一规则只包含一个"如果……，那么……"的产出配对：如果情境 X 发生，那么就采取行动 Y。单一规则的心智程序通常是成套使用的。例如，知道有关英文字母大写的五项规则的学生在写作时就可以独立地应用这些规则，这样做就是在运用一组单一规则的心智程序。然而，如果这些学生用一套固定的顺序系统地应用这些规则（例如，首先检查每个句子开头单词首字母的大写，其次检查专有名词的大写，等等），那么依照执行的刚性程度，单一规则的心智程序就可能被组织成要领或算法。

对于新分类法来说，将心智程序分成两大类是有益的：（1）那些实际上可以自动执行，或很少需要有意识加以思考的；（2）那些必须加以控制的。要领、算法和单一规则可以学到自动化程度或几乎不用有意识思考就能操作的程度。按照定义，宏程序需要控制性地执行。要领、算法和单一规则被称为技能，而宏程序则被简称为流程。这样，如图 2.3 所描述的，新分类法中心智程序的两个类别就是流程和技能。

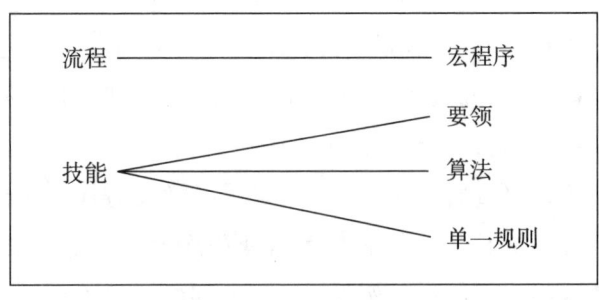

图 2.3　心智程序的类别

心理动作程序

顾名思义,心理动作程序涉及的是身体动作程序,包括个人在日常生活中以及在复杂的工作或娱乐活动中使用的身体动作程序。值得注意的是,布卢姆等人原来也打算把心理动作技能当作一个独立的领域(Bloom et al., 1956),不过他们始终未能出版相关的成果。

为什么心理动作在新分类法中被视为一种知识呢?原因有两个。首先,它们在记忆中存储的方式与心智程序一样,即以"如果……,那么……"产出网络的方式加以存储(Anderson, 1983)。其次,掌握心理动作程序的阶段与掌握心智程序的阶段很相似,甚至完全一样(Anderson, 1983, 1995; Gagne, 1977, 1989)——它们先是作为信息来学习,在最初的实践中得到发展,最后达到自动化或接近自动化的水平。

与其他两类知识的情况一样,心理动作程序可以整合为一个层级结构。底层是最基本的身体动作技能,在此之上发展出许多更复杂的程序。卡罗尔(Carroll, 1993)鉴别了许多基本的动作技能,列举如下:

  静态力量
  整体平衡
  肢体运动速度
  腕-指速度
  手指灵活性
  身体灵活性
  手臂-手的稳定性
  精准控制

从上面列举的技能中可以清楚地看到,这些程序一般无须经过正规教学就可以发展起来。事实上,人类凭借自身的灵性自然而然地具备了所有这些动作技能。然而,这并不是说这些基本技能无法通过教学与实践加以改进。

例如，通过教学，一个人身体的灵活性可以得到提高。由于通过教学可以使这些基本的动作技能得到改进，所以才能将它们确认为一种知识。

在基础性程序之上的是简单组合程序，比如打篮球时的自由投篮。顾名思义，简单组合程序是多套并行的基础性程序的组合。例如，自由投篮作为简单组合程序，涉及许多基础性程序的互动，如腕-指速度、精准控制和手臂-手的稳定性。

最后，复杂组合程序运用了多套简单组合程序。例如，打篮球时的防卫动作就涉及用身体半蹲的姿势进行侧向移动以及挥手等技能的组合。这样，通常的运动或消遣活动，就可以从操作角度定义成为完成特定身体动作目标而运用一套复杂组合程序（如使用某种球拍在规定的界线内把球击过网）。

同样，把心理动作程序分成两种类型对于新分类法是有用的。图2.4对此进行了说明。

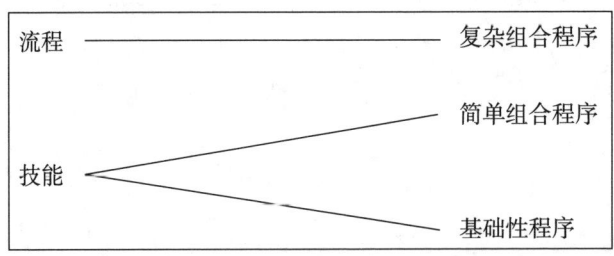

图 2.4　心理动作程序的类别

归结起来，新分类法中三类知识的组成要素如表2.4所示。

表 2.4　三个知识领域的组成要素

信息	1. 事理	规则 延拓
	2. 细节	时序 事实 词语

续表

心智程序	1. 流程	宏程序
	2. 技能	要领 算法 单一规则
心理动作程序	1. 流程	复杂组合程序
	2. 技能	简单组合程序 基础性程序

与布卢姆分类法的联系

简而言之，新分类法将知识视为各种心智过程的加工对象，这跟布卢姆分类法有重大的区别。另一个重要区别是新分类法把心理动作程序也作为类似于心智程序以及信息的一种知识。然而，新分类法与布卢姆分类法对信息的分类方式是相似的，两者都把词语置于信息层级结构的较低层级，把延拓和规则置于较高层级。

小　结

本章描述了三种类型的知识：（1）信息；（2）心智程序；（3）心理动作程序。信息以命题网络的方式加以存储，心智程序和心理动作程序以产出网络的形式加以存储。以上三类知识中的每一类都可再分为两类。信息分为细节和事理。心智程序和心理动作程序则分为技能和流程。

第 3 章　思维的三个系统

第 1 章介绍的三个思维系统是新分类法的核心。正如前文所述，自我系统、元认知系统和认知系统这三个系统可以按层级从高到低排列。此外，本章最后也会说明，认知系统的四个要素也可以在该系统内按层级排列。这样就构成了一个分为六个层级的体系（如图 3.1 所示），它代表了新分类法的基本结构。

层级6：自我系统

层级5：元认知系统

层级4：知识应用 ┐

层级3：分析　　│

层级2：理解　　├ 认知系统

层级1：信息提取 ┘

图 3.1　新分类法的六个层级

记　忆

为了详细讨论新分类法的六个层级，首先需要简要地思考记忆的性质和功能。目前已经有了很多用以说明人类记忆的性质和功能的模型。安德森（Anderson，1995）解释说，传统的理论认为记忆包含短时记忆和长时记忆两种类型，但这已经被一种认为记忆只存在一种类型但具有多种功能的理论所取代。为了讨论的需要，这里考虑记忆的三种功能：感觉记忆、永久记忆和工作记忆。

感觉记忆临时存储经感官处理的数据。安德森对感觉记忆的描述如下:

> 感觉记忆能够将人所遇到的信息记录下来并基本完整地保留短暂的一段时间,在这段时间内人可以注意到信息要素之间的关系,并且在更长期的记忆中对要素进行编码。如果感觉记忆中的信息在它衰减之前的短暂时间内没有被编码,就会消失。什么主题的内容会被编码取决于人的关注焦点。在任何时刻,环境所提供的信息通常比人所能注意和编码的信息要多得多。因此,有很多进入感官系统的信息都没有被永久地记录下来。(Anderson,1995,p.160)

永久记忆包含构成知识领域的所有细节、事理、技能和流程。总之,我们所理解的和关于如何做的一切都存储在永久记忆中。

工作记忆利用来自感觉记忆和永久记忆的数据。正如其名称所示,工作记忆是活跃地处理数据的地方(如图3.2所示)。

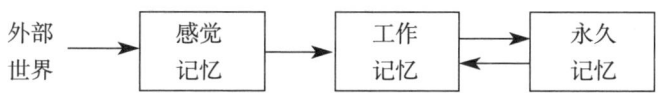

图 3.2　记忆的类型

图3.2表明,工作记忆可以接收来自感觉记忆(只是短暂保持)或永久记忆(永久保持)的数据,或者同时接收来自两方面的数据。理论上,数据在工作记忆里驻留的时间是不受限制的。只要人有意识地关注工作记忆中的数据,数据就会保持活跃。至此,工作记忆可以被认为是人的意识所在:人所意识到的经验实际上就是在工作记忆中被加工的经验(Dennett,1969,1991)。

层级1:信息提取(认知系统)

基本了解了工作记忆的结构之后,我们可以把信息提取描述为把知识从永久记忆中激活并转移到工作记忆中的过程。在工作记忆中,知识可能是被有意识地加工的。信息提取是认知系统内的一个过程，而且是一个固有的过程——它是每个人神经系统与生俱来的功能，通常是个人在无意识中完成的。

依据所涉及的知识类型和加工要求，信息提取的实际过程有所不同。在新分类法中，信息提取要么是再认，要么是回忆。在心理学文献中，这种区分已经有相当长的历史（Spearman，1927），并有实证支持（Laufer & Goldstein，2004）。再认可以被认为是一个给定的刺激与永久记忆中的信息之间简单的匹配。相比之下，回忆既需要一定水平的再认，还需要有与信息相关的"产出"。例如，学生从一组词中选出同义词靠的就是再认。学生被要求对一个词进行定义，或给出它的同义词，需要用到的就是回忆。除了再认这个词，学生必须做出相应的反应。这一特点使新分类法的各个层级具有了不同的难度等级。

另一种理解再认与回忆之间区别的方法是要注意，当从永久记忆中提取信息的时候，所涉及的往往不仅仅是再认水平的简单的信息匹配。提取的信息中包含了学生在最初的学习经验中尚不清晰的东西。人会对进入工作记忆的信息自然地做出阐释，这种阐释对随后的回忆是有用的。为了说明这一点，假设某个人在跟另一个人讨论时听到了以下信息：

> 两个小女孩，名叫玛丽和萨莉，她们看到了火柴，并立即想到了玩游戏。午后，房子淹没在火海中。

在严格的逻辑意义上，这条信息是不完整的，它没有直接说明孩子们玩游戏和火灾之间的关系。要弄懂这段话所说的意思，个体必须对缺失的信息进行推断，例如事件的顺序：孩子们开始玩火柴，她们的游戏让房子着火了。在工作记忆中，隐含的信息将得到加强，并产生如下一个连贯的整体：

> 判断1：两个小女孩——玛丽和萨莉，看到了火柴。（说明）
> 判断2：孩子们开始想到玩游戏。（说明）
> 判断3：游戏内容包括使用火柴。（推断）
> 判断4：孩子们用火柴玩游戏的时候，房子着火了。（推断）
> 判断5：房子着火是偶然的。（推断）

判断 6：房子是在下午早些时候着火的。（推断）

判断 7：午后，房子被火焰吞没了。（说明）

判断 8：房子被摧毁或严重损坏了。（推断）

一些研究人员将这种逻辑上完整的信息称为"微结构"（microstructure）（Turner & Greene, 1977）。显然，推断在组建一个完整的微结构中起着主要作用。在构建微结构时人们所做的推断有两种基本类型：默认推断和理性推断。通常对有关人、地点、事物、事件和抽象的概念所做的推断属于默认推断（de Beaugrande, 1980; Kintsch, 1979; van Dijk, 1980）。例如，当读到一个句子"比尔有一只狗"时，你会马上添加诸如"狗有四条腿"、"狗喜欢啃骨头"和"狗喜欢受宠"等信息。换句话说，你存储有关于狗的信息。如果没有相悖的信息，你就会推断这些关于狗的常识是真的——即使它们在文本中并没有被明确提及。

理性推断是添加不明确信息的另一种方式。这样的推论不属于常识；相反，它们是推断的结论。例如，如果你读到这样的陈述："实验心理学家相信，必须对概括的结论进行检验以判断其是否正确。"此后，你若再读到某位心理学家的同事向他介绍了一个新理论的故事时，你会自然得出这样的结论：那位心理学家可能会建议对该理论进行检验。这个推论不是基于你对心理学家的一般认识，而是从你早先阅读过的有关实验心理学家的信息中推导出来的。

信息领域的知识只能被再认或回忆，而心智程序和心理动作程序领域的知识还可以被执行。正如第 2 章所述，所有类型的程序都有一个被称为产出的结构（"如果……，那么……"）。当实施产出的步骤时，就会发生一些情况并得到一个结果。例如，在前面一章所描述的多位数减法中，实施这些步骤就是对数做计算。因此，程序性知识都是被执行的，而信息是被再认或回忆的。然而，程序性知识也可以被再认或回忆，因为所有程序性知识都嵌进了信息。为了说明这一点，需要重新考虑多位数减法程序产出网络的第一部分：

1a. 如果要做的是多位数减法，

1b. 那么，要处理的是位于最右面的数位。

2a. 如果当前这一数位已经有了答案，并且在它左边还有一位的话，

2b. 那么，要处理的是左边的数位。

3a. 如果要处理的某一数位底下一行没有数字，或者数字为0，

3b. 那么，把上面一行的数字记为答案。

注意：为了有效地运行这个程序，学生必须了解一些基本信息。诸如：

最右边的数字表示有多少个1。

最右边数位的左侧第一位的数字表示有多少个10。

最右边数位的左侧第二位的数字表示有多少个100。

程序通常包含信息，只有对信息加以理解才能有效地执行程序。因此，程序或者至少是嵌入其中的信息可以被再认和回忆。然而，从本质上说，只有执行程序，程序的应用才算完整。

与布卢姆分类法的关系

按照新分类法，认知过程中的信息提取类似于布卢姆分类法中的知识水平。这里再次引用布卢姆和他的同事对知识类别的描述："出于分类的目的，我们把知识定义为以最初接触观点或现象差不多的方式记住它们。"（Bloom et al., 1956, pp. 28-29）此外，布卢姆解释说："这里定义的知识指思维和测试中的记忆运作，不管这种记忆是对观点、材料或现象的再认还是回忆。"（Bloom et al., 1956, p.62）虽然布卢姆所列举的大多数知识层次的例子只涉及处理信息，但从他给出的一些例子中可以推断出，知识还意味着心智程序的执行。值得注意的是，布卢姆混淆了提取的对象（例如知识）和提取的过程（例如回忆和执行），而新分类法则没有将两者混为一谈。

层级2：理解（认知系统）

认知系统内的理解负责把知识转化成适合在永久记忆中存储的形式。这就是说，经由感觉记忆存放在工作记忆中的数据并没有按照通常的经验存储到永久记忆中。我们已看到，学习者很自然地通过默认或理性的推断给出隐含的信息。然而，为了以高效方式将信息存储在永久记忆之中，必须将关键信息按照一定的结构和格式加以转换，而无关的信息则被排除。个体以这种简约的方式存储知识的程度反映的是他对知识的理解程度。总之，新分类法中的理解过程意味着将信息的重要特征存到永久记忆中。

在新分类法中，理解涉及两个相关的过程：整合和符号化。

整合

整合是用简约、条理化的形式重组、提炼出知识主要特征的过程，技术上被称为宏结构，与微结构相对应（Kintsch，1974，1979；van Dijk，1977，1980）。宏结构包含微结构中信息的要点，而微结构包含从直接经验和推断中获得的信息。根据定义，整合涉及将学习者刚学到的新知识和存储在永久记忆中的旧知识加以混合。这种整合在技术上是通过应用所谓的宏规则来完成的。范迪克和金特西克（van Dijk & Kintsch，1983）确认了三种宏规则，用于把微结构转换成宏结构：

1. 删除：给定一连串命题，删除这串命题中任何与其他命题不直接相关的命题；
2. 推断：用包含有更全面信息的命题来替换原有的命题；
3. 重构：使用包含更全面信息的一个或多个命题集，替换原有的命题集。

恰当地应用这些规则，就可以生成不含有细节而只包含关键信息要点的简约表达。这就解释了为什么人们通常记不住他们读过的某个有趣的故事的具体细节，却可以回忆起信息和事件发生的一般经过。

学生有效地整合知识的证据是他们能够生成知识的宏结构，即对知识的重要或关键要素进行陈述。

符号化

符号化作为一种理解过程，是指在宏结构中创建一个与知识相类似的符号的过程。正如帕伊维奥（Paivio，1969，1971）所指出的，作为心理过程的符号化概念建立在知识的双重编码理论基础之上。根据这一理论，信息主要被加工成语言和图像这两种模式。语言模式在本质上是语义，而且正如我们所看到的，它以命题或产出的形式表达出来。我们可以把语言模式看成当下永久记忆中的陈述。相反，图像表现为心理图形甚至是身体感觉，如嗅觉、味觉、触觉、动觉和听觉（Richardson，1983）。

符号化是将宏结构中的知识转化成一些符号化的意象（如非语言的）形式。海斯（Hayes，1981）运用如下物理公式，提供了一个符号化的例子：

$$F = \frac{(M_1 \times M_2) \, G}{r^2}$$

这个方程式表示，力（F）等于两个物体的质量（M_1 和 M_2）乘以一个常数（G），再除以它们之间距离（r）的平方。这一信息可以有多种符号化的表达方式。

海斯提出的意象是空间里有两个星球，学习者在这两个星球的中间试图将它们分开：

> 如果两个星球中有一个很重的话，可以预料，把它们分开要比把两个都很轻的星球分开更困难。因为力随着任何一个星球质量的增加而增加，所以质量（M）一定在分子位置。如果把星球进一步推开，它们之间的吸引力会减少，就像把两块磁铁分开时吸引力会减少一样。由于力随着距离的增加而减小，因此距离（r）一定在分母位置。（Hayes，1981，p. 127）

在中小学课堂，符号化的普遍形式是图形组织者，它将语言和符号联结在一起。克拉奇（Clarke，1991），海姆利希和皮特尔曼（Heimlich & Pittelman，1988），琼斯、帕林克萨、奥格尔和卡尔（Jones, Palincsar, Ogle, & Carr, 1987）以及麦克泰格和莱曼（McTighe & Lyman, 1988）提出了在不同的内容领域如何使用图形组织者的例子。有人断言，大多数信息知识可以用一套数量有限的组织模式来加以符号化。弗雷德里克森（Frederiksen, 1977）和迈耶（Meyer, 1975）结合库珀（Cooper, 1983）的研究提出了一批常见的组织模式，如下所示。

- 特征模式——将特定人物、地点、事物和事件的事实或特点组织起来。这些特点没有特定的顺序。例如，一部关于科罗拉多州的电影提供了有关它的位置、海拔高度、曾经发生过的事件等信息，这些可能被组织成简单的描述性模式。

- 序列模式——以特定的时间顺序对事件进行组织。例如，一本书描述了1999年科索沃战争。书中的一章内容就可以组织成序列模式。

- 过程-原因模式——把信息组织成一个因果网络以引出某个结果，或组织成一系列步骤以逐步导出某个结果。例如，关于引发科索沃战争的事件信息可以组织成过程-原因模式。

- 问题解决模式——把信息组织成一个明确的问题及其可能的解决方案。例如，一篇论文中可能出现的各种用词错误和纠正错误的方法，可以组织成问题解决模式。

- 延拓模式——把信息组织成含有事例支撑的延拓。例如，从关于美国总统的教科书中的一章内容中可以得出延拓，即"美国总统通常来自有影响力的家庭"，随后是具体总统的例子。

上面的每个模式都对应一种特定类型的图形组织者（如图3.3所示）。

与布卢姆分类法的关系

理解在新分类法中的定义与其在布卢姆分类法中的界定有点相似。布卢姆等人对理解的描述如下：

这里我们使用术语"理解"来涵盖目标、行为或反应，它们反映了对交流中表面信息的理解。为弄懂这些信息，学生可能会在心里对所进行的交流做出一些改变，或在公开的回应中对交流做出一些转换，以使交流对他来说显得更有意义。有的回应可能会超越交流本身而做一点简单的延伸。（Bloom et al., 1956, p.89）

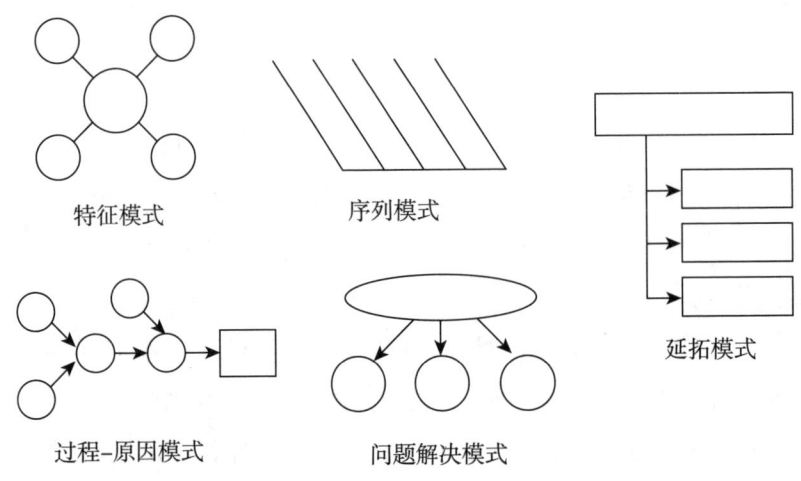

图3.3 模式的图形表征

如前所述，布卢姆分类法确定了三种类型的理解：翻译、解释和推断。翻译基本上与新分类法中的符号化相同，两者都涉及用一种不同于知识最初被感知的形式对其进行编码。不过，相对于布卢姆分类法中的翻译，新分类法中的符号化看上去更加强调符号和非语言形式。布卢姆分类法中的解释看上去与新分类法中的整合相似，两者都把知识作为一个整体或知识要点来加以确认。然而，布卢姆分类法中的推断包含推理过程，看起来超越了新分类法中的理解。

层级3：分析（认知系统）

新分类法中的分析涉及对知识的合理拓展。个人依据对知识的理解做出详细的阐述，这是分析的一种功能。这些阐述远远超越了当初以微结构的形式存储在工作记忆中的局部推论。理解的一个功能是辨别根本特征和非根本特征，分析则远远超越了这一点。新分类法中的分析涉及对新信息的拓展，这些新信息不一定是个人原来所具备的。

分析有五种类型：（1）识别；（2）分类；（3）差错分析；（4）拓展；（5）导出。应当指出的是，上面任何一种心智过程通常都是无意识、自然地执行着的。然而，当作为新分类法的分析工具来使用时，它们都被自觉、严格地执行。这样的一个分析过程，迫使学习者反复多次地与知识互动，对知识进行改编和细化。

许多研究人员证实了人的这种学习动力。例如，皮亚杰（Piaget, 1971）指出学习有两种基本类型：一是信息被整合进学习者已有的知识基础中，称为同化；二是现有的知识结构发生了改变，称为顺应。其他研究人员和理论家们提出了类似的观点。例如，鲁梅哈特和诺曼（Rumelhart & Norman, 1981）描述了学习的三种基本类型。前两类被称为积累和调整，涉及的是信息随时间流逝而逐渐增加或累积，以及信息的表达方式变得更加简洁。第三类被称为重构，涉及重组信息，以便产生新的见解，并且在新的情境中使用。鲁梅哈特和诺曼所说的重构即皮亚杰所说的顺应，也即新分类法中的分析。

识别

识别是依据知识构成因素之间的共性与差异对知识进行辨认。这也许是信息加工过程中最为基础的一环（Smith & Medin, 1981）。相对于其他大多数甚至所有的分析过程来说，识别是最基本的过程。马克曼（Arthur Markman）和他的同事指出，在识别的两个方面中，更基本的是找出相似之处，因为没有对相似性的识别，就看不出明显差异（Gentner & Markman, 1994; Markman & Gentner, 1993a, 1993b; Medin, Goldstone, & Markman, 1995）。

识别过程或简单，或复杂，这取决于任务的要求（Mandler, 1983）。例如，小孩子在公园里散步时会轻易、自然地注意到两只狗之间的相似性。然而，如果要求孩子解释这两只狗的品种特点，比较并说明这些异同对于确定狗的品种有什么作用，他就会感到困难。而后一种形式的任务才是所谓的识别。斯塔尔（Stahl, 1985）和拜尔（Beyer, 1988）注意到，有效的识别具有如下重要特征：
- 指明拟要分析的属性或特性，依据这些属性或特性可以对项目进行识别。
- 确定它们有什么相似和不同之处。
- 尽可能准确地说明异同。

分类

分类是指把知识组织成有意义的类别。和识别一样，它是人类思维的基础。如同梅尔维斯（Mervis，1980）指出的，世界是由无数的刺激组成的。人将进入感官的无数刺激按相似程度分类，从而将不熟悉的刺激转变为熟悉的刺激。尼克森、帕金斯和史密斯（Nickerson, Perkins, & Smith, 1985）注意到，将类似的刺激归为一类的能力是所有形式的思维的核心。

虽然学习者自然地使用分类过程，但当它被作为分析工具来使用时，分类过程就变得非常有挑战性。马扎诺（Marzano，1992）以及另外一些学者（Beyer, 1988; Jones, Amiran, Katims, 1985; Taba, 1967）认为有效分类具有如下一些关键的特征：
- 确定要进行分类的项目的确切特征。
- 确定该项目归属的上位类别，并解释为什么它属于这一类。
- 确定该项目的一个或多个下位类别（如果有的话），并解释它们是如何相关的。

差错分析

差错分析确定知识的逻辑、合理性或准确性。这个认知功能的存在意味着，信息只有是合理的，才能让个体把它作为有效信息来接受（Gilovich，1991）。假设一名学生在阅读一篇特定主题的文章，当输入的信息在工作记忆中进行表征时，新知识就被筛选出来，以便确认从该主题的已有知识来看，新知识是否有意义。如果信息被认为是不合逻辑或不合理的，那么它将被抛弃，或者被加以标记之后存储到永久记忆之中。人能够自然且迅速地依据知识的合理性做出判断。然而，在新分类法中作为分析技术的差错分析包括：(1) 根据明确的标准有意识地对知识的有效性进行判断；(2) 查明已进行的推理中的任何差错。

要执行好此项功能，学生必须对证据的性质和良好的论证有一个基本的（但不一定是技术性的）了解。图尔明、雷基和贾尼克（Toulmin, Rieke, & Janik, 1981）认为学生要对正确性做出合理判断，就必须知道如下细节（如表3.1所示）。

表 3.1 论证和证据

1. 依据：做出判断，通常会有依据。按照判断的类型，依据可能是： • 常识 • 专家意见 • 先前建立的信息 • 实验观察 • 被认为是事实的其他资料 　（例如，"可以在文学评论家约翰逊对海明威作品的评论中，找到海明威非常优秀的证据"。）
2. 认可：认可详述或解释依据里的信息。依据详述判断的支持来源和支持的一般性质。认可对依据所强调的信息进行详细分析。 　（例如，"约翰逊在他的一篇文章中指出，海明威的作品体现了优秀写作的首要原则，即作品应能激起读者的情感"。）
3. 复核：复核检视认可的有效性。认可本身也许不完全可信，因此，通常还要对认可的有效性或其是否能被普遍接受进行一些讨论，这样做是恰当的。 　（例如，"约翰逊在对海明威作品的评论中引述的原则是最经常被提及的原则之一。事实上，皮尔逊注意到……"。）
4. 资质：并非所有的判断都同样有把握。因此，资质阐明对判断的把握程度或对判断的限定条件。 　（例如，"应当指出，海明威的专长并不被所有人赏识"。）

学生不需要理解依据、认可、复核和资质的专业含义，如它们的名称和特征。然而，学生应该知道，判断要能够有效，应该有证据支持（依据），证据的来源应加以鉴别（认可），证据应予以解释和讨论（复核），结论是否有例外情况应加以辨明（资质）。

上面所讨论的是信息的差错分析。当关注的焦点是心智程序或心理动作程序时，差错分析会有很大的不同。为方便理解，我们以多位数减法的心智流程为例做一说明。布朗和伯顿（Brown & Burton, 1978）观察到某个中学生出现了以下两个差错：

$$\begin{array}{r} 500 \\ -65 \\ \hline 565 \end{array} \qquad \begin{array}{r} 312 \\ -243 \\ \hline 149 \end{array}$$

按照安德森（Anderson, 1990b）的说法，学生错误的原因是这个学生很粗心或几乎不懂多位数减法。然而，布朗和伯顿（Brown & Burton, 1978）解释说，学生实际上是在忠实地遵循其自行建立的规则：$0-N=N$。也就是说，"如果一个数被0所减，结果就是那个数"。像这样注入程序的系统性的差错被称为思维障碍（bug）。布朗和伯顿已经发现110个这样被引入减法过程的思维障碍。

心智程序和心理动作程序对这样的思维障碍是高度敏感的，特别是在学习它们的初始阶段。数学科学教育委员会已发出警告：当程序性知识只是被作为一套步骤来教的时候，学生程序操作的能力不一定能提高。同样，克莱门特、洛克赫德和明克（Clement, Lockhead, & Mink, 1979）指出，即使学生对算术程序所涉及的步骤有牢固理解，但在大多数情况下（超过80%），这也不意味着他们有正确应用和解释程序的能力。有研究表明，一般而言，对于程序性知识，特别是涉及数学的程序性知识，最好是从概念上加以把握（Davis, 1984; Romberg & Carpenter, 1986）。

由于程序通常涉及思维障碍，因此心智程序和心理动作程序的差错分析需要找出思维障碍并进行补救。然而，如同前面的讨论所暗示的，应该先从概念上对程序加以理解，再来进行差错分析（Corno et al., 2002）。在操作上，这意味着学生应根据心智程序和心理动作程序的每一个方面对整个程序有效性的影响，对它们进行检查。

拓展

在新分类法中，拓展是指根据已知的或观察到的信息建构新的原则的过程。这一过程涉及推断，这时的推断不同于在创建微结构或宏结构时所做的推断，专家普遍认为这时的推断多少带有一些归纳的性质。

鉴于拓展的推断性质以及对归纳和演绎的通常理解（或误解），简要地对归纳和演绎以及两者与拓展过程的关系进行讨论是很有用的。归纳通常被认为是从具体到一般的推理过程。霍兰德、霍利约克、尼斯比特和撒加德（Holland, Holyoak, Nisbett, & Thagard, 1986, p. 42）提出了归纳过程的4项规则。专门化规则（specialization rule）规定，如果以前生成的规则不能为某一特定的情况提供准确的指导，那么就应该产生指向更为具体的规则。非惯例规则（unusualness rule）表示，如果某一情境存在着关系到该情境管理规则的意外特性时，那就应该给原有的规则增加一个条件要素。数量强度规则（rule of large numbers）表示，在基于事件或要素的样本生成规则时，通常假设规则适用于所有的要素；不过，还应根据所抽样的事件或要素的数量附上一个强度参数：事件或要素越多，规则的效用就越强。限定性规则（regulation rule）表示，如果一个人有"如果你想要做 X，你就必须首先做 Y"这样形式的规则，那么就应该制定如下的规则："如果你不做 Y，你就不能做 X"。

演绎通常被认为是从一般到特殊的推理。演绎推理也基于规则。霍兰德等人（Holland et al., 1986）区别了两类演绎规则：共时性规则（synchronic）和历时性规则（diachronic）。共时性规则本质上是不受时间影响的，是分类的基础。共时性规则有两种类型：归类（categorical）和关联（associative）。举例如下：

1. 归类
   a. 如果一个东西是狗，那么它是一种动物。
   b. 如果一个东西是个头大、身体修长、白色或金色的毛发很长的狗，那么它就是牧羊犬。
2. 关联
   a. 如果对象是狗，那么激活"猫"的概念。
   b. 如果对象是狗，那么激活"骨头"的概念。

历时性规则处理因果关系和时序关系。历时性规则分为两类：预测和结果。举例如下：

1. 预测
    a. 如果人惹狗，那么狗会吠叫。
    b. 如果人对狗吹口哨，那么狗就会朝那个人跑过来。
2. 结果
    a. 如果狗追你，那么你就逃跑。
    b. 如果狗摇着尾巴接近你，那么你会宠爱它。

心理学家还提出了一些更为具体的规则作为演绎的原则（Braine, 1978）。这些规则有时被称为心理逻辑的形式。约翰逊-莱尔德总结了一套依赖于符号标记的演绎理论（Johnson-Laird, 1983; Johnson-Laird & Byrne, 1991）。

新分类法中的拓展既不是纯粹的归纳，也不是纯粹的演绎。更保险的说法或许是，没有哪个心理过程是纯粹的归纳或纯粹的演绎。相反，学者们断言推理要比先前所定义的更为错杂和非线性（Deely, 1982; Eco, 1976, 1979, 1984; Medawar, 1967; Percy, 1975）。为了更好地理解推理思维的本质，许多哲学家提出了混合推理（retroduction）的概念。混合推理是以一个或多个事例为基础，生成和塑造思想的行为。在这一过程中所做的推理，有时偏于归纳，有时偏于演绎。新分类法更多地把拓展当成一个混合推理过程，它更多地倾向于归纳而不是演绎，但是在不同的方面两者会兼而有之。例如，某个学生在进行拓展分析时，要把课堂上已经展示过的三个延拓构建成一个新的延拓。

拓展的关键特征包括：

- 专注于特定的信息或观察资料而不做假设。
- 寻找信息中的模式或关系。
- 做出一般性的陈述来对模式或关系进行解释。

导出

在新分类法中,导出是为已知的延拓或规则生成新的应用的过程。拓展过程从本质上更接近于归纳,导出的过程则更接近于演绎。例如,一个学生要识别伯努利原理影响下出现的新情况或新现象,即在进行导出分析。学生依据已知的规则确认了自己先前所不知道的新的应用。

导出的关键特征包括:
- 确定适用于特定情况的延拓或规则。
- 确保具体情况符合应用延拓或规则所需要的条件。
- 如果确实要应用延拓或规则的话,确定可以得出什么结论或者可以做出什么预测。

与布卢姆分类法的关系

在新分类法中,分析这一认知范畴综合了布卢姆分类法中至少三个水平的元素。新分类法中的识别有点类似于布卢姆分类法水平 4.00(分析)内的关系分析。新分类法中的分类有点类似于布卢姆分类法水平 5.00(综合)内的确定一套抽象关系。新分类法中的差错分析涉及信息,与布卢姆分类法水平 6.00(评价)内的依据内部证据进行判断类似,同时也与布卢姆分类法水平 4.00(分析)内的组织原则分析类似。新分类法中的拓展和导出或许类似于布卢姆分类法水平 4.00、水平 5.00 和水平 6.00 中的许多组件,或许本身就嵌入了布卢姆分类法水平 4.00、水平 5.00 和水平 6.00 中的许多组件。总之,新分类法中的分析整合了布卢姆分类法三个最高水平中的多个方面内容。

层级 4:知识应用(认知系统)

如其名称所示,知识应用是指当个人希望完成某项特定任务时所采用的那些东西。例如,工程师可能使用伯努利原理的知识来解决新型飞机设计中的起降问题。对个人而言,在具体任务中,知识是有用的。

新分类法确定了四类知识应用任务：（1）决策；（2）问题解决；（3）试验；（4）调查。

决策

当一个人必须在两种或多种选项中做出选择的时候，就要用到决策（Baron，1982，1985；Halpern，1984）。打比方说，决策可以被描述成某个人回答诸如"做某件事的最好方式是什么"或"哪一个最适合"这样问题的过程。例如，某人利用他的城市地理知识确定新公园的最佳选址。

有许多描述决策过程的模型（Baron，1982，1985；Baron & Brown，1991；Ehrenberg，Ehrenberg，& Durfee，1979；Halpern，1984；Wales，Nardi & Stager，1986），而所有这些模型都聚焦于根据合理的标准在各种选项中深思熟虑地确定方案或替代方案。

问题解决

当个体试图克服障碍以实现目标的时候就会进行问题解决（Halpern，1984；Rowe，1985；Sternberg，1987）。打比方说，问题解决可以被描述为回答下面问题的过程。诸如，我将如何克服这一障碍？我将如何达到目标但仍满足这些条件？……问题的本质是障碍或限制性条件。例如，如果一个年轻女士要在某个时间到离她家几英里的地方，然而她的车坏了，于是她就遇到了一个问题：她试图完成一个目标（比如，到达某个地点），但遇到了障碍（比如，通常使用的交通方式不可用）。为了有效地解决这个问题，她必须利用有关交通方式的各种知识，如搭公交车，叫朋友送她，或者在限定的时间内把车修好，等等。

问题解决的关键特征包括：

- 确定实现目标的障碍；
- 确定实现目标的替代方法；
- 评估替代方法；
- 选择和使用替代方法。

试验

试验是生成和检验假设的过程，目的在于理解生理的或心理的现象。这样一来，试验理所当然被认为是科学探究的核心（Tweney, Doherty, & Mynatt, 1981; Aiken, 1991; Himsworth, 1986）。打比方说，可以把试验当作回答如下问题的过程：这怎么解释呢？或者，根据这个解释，能有什么预测？例如，某人提出新型的机翼设计方案对机翼升力和阻力的影响的假设并进行检验时，他就是在进行试验探究。应当指出，这里所说的试验没有科学研究那么严谨。然而，试验隐含着与科学研究一样的提出假设并对假设进行检验的机制。

试验的关键特征如下：

- 基于已知的或假设的规则进行预测；
- 设计检验预测的方法；
- 基于测试结果评估规则的有效性。（Halpern, 1984; Ross, 1988）

调查

调查是提出关于过去、现在或未来事件的假设并加以检验的过程（Marzano, 1992）。打比方说，调查可以被看成回答如下问题的过程：某件事的特征是什么？它是怎么发生的？为什么会出现这种情况？或者，如果出现某种情况，那么会发生什么？例如，当学生检验有关麦田怪圈的各种解释时，他就在进行调查。

从提出假设和检验假设这一角度看，调查对知识的利用过程类似于试验。然而，调查与试验的区别在于两者利用证据的规则不同，调查也因此与试验有所区别（Abelson, 1995; Evans, Newstead, & Byrne, 1993）。调查利用证据的规则，来自差错分析中讨论的可靠陈述的标准，调查中用以支持某个结论的证据必须是结构严谨的。而试验利用证据的规则却来自统计假设的检验标准。

调查的关键特征如下：

- 对正在调查的现象，确定什么是已知的或商定的；
- 对这一现象，确定存在混淆或争议的范畴；

- 针对混淆或争议，提供答案；
- 对所建议的答案进行逻辑论证。

与布卢姆分类法的关系

新分类法中的知识应用似乎与布卢姆分类法中的综合（水平5.00）关系最为密切。虽然布卢姆分类法中的综合不牵涉知识应用本身，但是它确实关注新成果和新思想的生成。新分类法中的知识应用将导致某种新成果产生。例如，通过决策得出某个替代方案比其他方案都优越的新认识，在问题解决过程中发现实现目标的新途径，等等。

层级5：元认知系统

多数研究者和理论家认为元认知系统的功能是监控、评价和规范所有类型的思维（Brown，1984；Flavell，1978；Meichenbaum & Asarnow，1979）。有时他们将这些功能简单地总结为负责执行控制（Brown，1978，1980；Flavell，1979，1987；Sternberg，1984a，1984b，1986a，1986b）。在新分类法中，元认知系统具有四种功能：(1) 目标设定；(2) 过程监控；(3) 清晰度监控；(4) 准确度监控。

目标设定

元认知系统的主要任务之一是确立明确的目标。正如我们将在下一节所看到的，自我系统决定人是否投入一项活动。然而，一旦人做出投入活动的决定，就由元认知系统来确定该活动的目标。就新分类法而言，元认知系统的目标设定功能是指就某类知识建立起明确的学习目标。例如，学生通过元认知系统的目标设定功能，确立一个或多个目标，以加深对某一堂数学课所呈现的信息的理解或促进其使用。

作为目标设定过程的一部分，个体通常要了解海斯所谓的明确的最终状态，即"目标完成的时候将是什么样"（Hayes，1981）。这可能还包括确定完成过程中重要的阶段性目标。最后，目标设定过程还包括制订完成所认定的学习目标的计划，包括明确必要的资源以及标注完成阶段性目标和最终目标的时间轴。这种类型的思维被称为策略（Paris, Lipson, & Wixson, 1983）。

过程监控

元认知系统的过程监控的典型作用是监视在某个任务中所使用程序的有效性。例如，元认知系统将监控阅读条形图的心智程序，或自由投篮的身体动作进行得好不好。显然，当目标设定之后再对过程进行监控是最有效的。当获取信息的长期或短期目标确立之后，过程监控也会开始发挥作用。例如，当学生确定要更好地理解多项式这一目标之后，过程监控可以显示出目标随时间积累而实现的程度。

清晰度监控和准确度监控

清晰度监控和准确度监控即一些研究者所说的意向功能（Amabile, 1983; Brown, 1978, 1980; Costa, 1984, 1991; Ennis, 1985, 1987a, 1987b, 1989; Flavell, 1976, 1977; Paul, 1990; Paul, 1984, 1986; Perkins, 1984, 1985, 1986）。意向一词用以表示对清晰度和准确度的监控，表明个体是否有意向获取知识。例如，人可能有也可能没有监控自己了解到的信息是否清晰或准确的意向。应当指出的是，意向的使用不是无意识的。相反，个人必须有意识地决定去达成所给定的任务，同时留意着其清晰度和准确度。也许正因如此，元认知的这个方面才会与高智力或智能行为联系在一起（Costa, 1991）。

总之，元认知系统负责与知识有关的有意识操作，包括目标设定、过程监控、清晰度监控和准确度监控。萨洛蒙和格洛伯森把这样的思维过程称为意义化：

> 对个人而言，我们期望他不要一开始就急于对某个过程下结论，而要检视和阐述与将要进行的任务相关的情境线索及其潜在意义，制定或修改各种策略，为将要做的选择收集必要的信息，细查结果，建立新的连

接，建构新的结构，反思抽象的过程。(Salomon & Globerson, 1987, p.625)

与布卢姆分类法的关系

在布卢姆分类法中，我们没有发现与上面描述的新分类法中的元认知层级相同的内容。

层级6：自我系统

自我系统由态度、信念和情感组合构成。决定人动机和注意力的正是态度、信念和情感的互动。自我系统决定一个人是否会从事或放弃某项给定的任务，也决定个人投入任务精力的多少。一旦自我系统决定了关注什么，也就在一定程度上限定或确定了其他元素的运作（如元认知系统、认知系统和知识领域）。这就是自我系统选择任务的行为被称为"跨越卢比孔河"（crossing the Rubicon，意为"下重大决心"）（Garcia & Pintrich, 1993; Pintrich & Garcia, 1992）的原因。

与新分类法有关的自我系统思维有四种类型：（1）重要性检查；（2）效能感检查；（3）情绪反应检查；（4）动机检查。

重要性检查

决定一个人是否关注到某项知识的关键因素之一是他对该项知识的重要性的认识。显然，如果学生认为阅读等高线地形图的技能重要，他们就会花时间和精力去发展这一心智技能。

一件事是不是重要，可能取决于它对如下两个条件（至少其一）的满足程度，即它是否有助于满足基本需要或实现个人目标。正如马斯洛（Maslow, 1968）等心理学家所解释的那样，人类的需求可能是以层次结构的形式存在的。虽然马斯洛的层次结构理论受到批评（Wahba & Bridwell, 1976），但是它为了解人类动机提供了一种强有力的方法。正如科温顿（Covington, 1992, p.19）解释的那样，"它提供了一种思考能够激活普通人的因素的有效方式"。在马斯洛的需要层次结构中，诸如人身安全、食品和住房的需要比诸如伙伴关系和被接受的需要更为基本（Maslow，1968）。如果某项知识能成为满足上述某一种或多种需要的工具，它就被视为重要的。例如，如果一个男孩发现阅读等高线地形图的能力有助于露营时确保人身安全，那么他可能会花大量的时间和精力去获得这一心智技能。

正如前面所说的，某项知识之所以重要，除了因为它能满足人的基本需要外，还因为它被看作是实现某些个人目标的工具。例如，如果一个年轻男子察觉到阅读等高线地形图的技能将帮助他实现成为一名护林员的人生目标，那么他可能会投入时间和精力去获得这项技能。

到目前为止，这些个人目标的确切来源还是一个谜（Klausner，1965）。有人断言，个人目标是由人所处的环境造成的：被认可的需要驱使我们去构建在我们所处的文化中导致自尊感增强的个人目标（Bandura，1977，1982，1991，1993，1996，1997）。其他人则断言，个人目标是在关于人生目的的更深刻的信念基础上生长出来的。例如，弗兰克尔（Frankl，1967）和布伯（Buber，1958）等哲学家的研究表明，对自己最终目标的信念是一个人心理结构的核心。有充分理由可以说明，这一套信念最终控制了自我系统中其他所有的因素。比如，假设一个年轻的女子认为，她的人生目标（或她的一个人生目标）是用她的才华为他人谋福利，那么她会认为有助于实现这一目标的那些事情是重要的。对她来说，特定的人、情境、事件和其他类似的东西是否重要，就要看它们是否是她实现人生目标的工具。

不管心理学家对个人目标的最终来源如何解释，大多数人都认同，这些目标是一个人确定什么是重要的首要考虑因素。

效能感检查

班杜拉的理论和研究已经引起了心理学家和教育家对效能感作用的关注（Bandura，1977，1982，1991，1993，1996，1997）。简单地说，关于效能的信念表明个人相信他有足够的资源、能力或力量来改变局面。与新分类法有关的是，效能感检查将检查个人认为自己能获得与特定知识相关的能力、力量或必要资源的程度。如果学生认为他们不具备必要的能力、力量或资源以获取特定的技能，他们学习知识的动机就会大大降低——尽管他们认为这些知识很重要。

班杜拉（Bandura，1977，1982，1991，1993，1996，1997）的研究表明，效能感不一定是普遍性的结构。相反，一个人可能在一种情境中有积极的效能感，而在另一种情境中却感到无能为力。塞利格曼（Seligman，1990，1994）的研究也证实了个体效能感的情境性，并强调信念的重要性。他发现，低效能感将导致所谓的习得性无助。

情绪反应检查

在人类动机中情绪的影响越来越清晰。鉴于情绪的生物学本性，许多脑研究人员断言，情绪几乎影响了人类行为的每一个方面。有一个例子能很好地说明情绪对人类思维的控制作用（Katz，1999；Pert，1997）。勒杜的《情绪脑：情感生活的神秘基础》（*The Emotional Brain: The Mysterious Underpinnings of Emotional Life*）一书中详细地描述了这一例子。

勒杜通过对情绪的研究得出结论：（1）人类对自身的情绪反应几乎没有直接的控制；（2）情绪一旦出现，就成为未来行为的强有力的激励因素。就人类对情绪缺乏控制的问题，勒杜指出：

> 每个试图伪装出某种情绪的人或伪装情绪的接受者都很清楚，所有作假的企图都是徒劳的。一旦对情绪的有意识的控制变弱，情绪就可以盖过意识。之所以如此，是因为在脑进化的这一阶段，从情感系统到认知系统的线路连接要比从认知系统到情感系统的线路连接强得多。（LeDoux，1996，p. 19）

关于情绪一旦激发之后的力量，勒杜解释说：

> 当然，它们会标出每一时刻的行动图并开始通往长期目标的航程。但是，情绪也会使我们陷入麻烦。当担心变成焦虑，欲望让位给贪婪，或不快变成愤怒，愤怒变成仇恨，友谊变成嫉妒，爱恋变成痴

迷，喜爱变成成瘾，情绪就开始跟我们对着干。心理健康是由情绪卫生维持的，心理问题在很大程度上反映了情绪秩序的崩溃。情绪可以同时具有积极的和病理的后果。（LeDoux，1996，pp. 19-20）

对勒杜（LeDoux，1996）来说，情绪是最主要的动机激励因素，其对人的行为的影响通常超过价值观和信仰体系。

与新分类法有关的是，情绪检查涉及分析个体对给定知识成分的情绪反应的程度，以及反应在个体动机中所起的作用。这种自我分析的重要性在过去30年中受到大众媒体的广泛关注（Goleman，1995；Langer，1989）。

动机检查

从前面的讨论中可以推断，人愿意学习某项知识或提高其运用能力的动机取决于三个因素：（1）对它的重要性的认识；（2）对学习知识或提高知识运用能力的效能感；（3）个人对知识的情绪反应（如图3.4所示）。

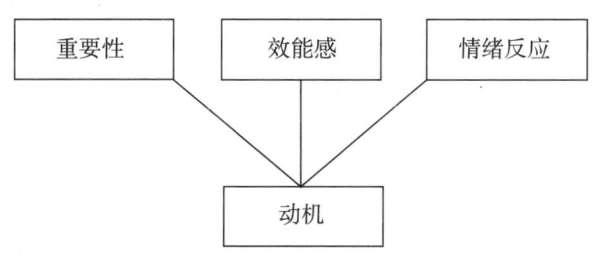

图3.4 动机

依据重要性、效能感和情绪的关系，我们可以对动机的不同层次进行描述。具体来说，以下条件能提高人学习知识或增强运用知识能力的动机：

（1）个体认可知识的重要性。

（2）个体相信自身具有学习知识或提高知识运用能力所必需的能力、力量或资源。

（3）个体对知识有积极的情绪反应。

低水平动机产生的条件如下：

（1）个体认为知识不重要。

（2）个体相信自身不具备学习知识或提高知识运用能力所必需的能力、力量或资源。

（3）个体对知识有负面的情绪反应。

要注意，自我系统的这三个决定因素对动机的影响是不均衡的。这可能是因为对重要性的认可会压倒效能感的缺失和消极的情绪反应。例如，一个母亲会有极强的动机去阻止迎面而来将要撞到她孩子的汽车。这个母亲当然不相信她的体力足以让车停下来（在这种情况下她对效能感的认可度是很低的），她也肯定会产生自己会被车子撞倒的负面情绪，然而，孩子的安全对她来说是如此重要，以至于压倒或盖过了其他两个因素。

就新分类法而言，动机检查是这样一种过程，即识别人在学习知识或提高知识应用能力方面的动机水平，确定个人对重要性的信念、对效能感的信念，以及控制人的动机水平的情绪反应三者之间的相互关系。

与布卢姆分类法的关系

与元认知系统的情况一样，新分类法中的自我系统在布卢姆分类法中没有明显对应的内容。

新分类法层级性质回顾

新分类法层级结构设计依据的是知识加工的流程。简单回顾一下，自我系统是加工的第一道程序：它决定学生以何种强度的动机投入知识的学习。在自我系统确认知识是重要的、是值得学习的之后，涉及的就是元认知系统。它的任务是建立明确的知识学习目标，然后用尽可能精确的方式去规划和实现这些目标。在元认知系统的指导下，认知系统中的元素得以被采用。正如我们所看到的，认知系统负责信息加工，其任务可能是简单的提取信息，也可能是复杂的在新的情境下应用信息。

从系统实施所需要的意识水平来看，新分类法的三个系统也是有层级的。认知过程的实施需要一定程度的觉醒和意识，元认知过程需要的觉醒和意识可能更强一些。假如没有一定强度的心理动机，就无法确认学习目标,也无法对目标进行准确的监控。最后,自我系统,比如重要性检查和情绪反应检查,体现了一些通常并不涉及的反省和有意识思考的水平。

对过程的自觉意识是进行控制所必需的,这一特点同时也揭示了认知系统的层级性质。在新分类法中,认知系统包含四个层级:信息提取、理解、分析和知识应用。如同新分类法中所描述的,信息提取可以自动执行,理解需要稍微多一些有意识的思考,分析需要更多的有意识思考,最后知识应用需要更多有意识的信息加工。

考虑到元认知系统比认知系统需要更多的有意识思考,自我系统又比元认知系统需要更多的有意识思考,由此可以建立一个六层级的分类系统(如表3.2所示)。

表3.2 有意识的控制与新分类法的层级

有意识	层级6:自我系统
	层级5:元认知系统
	层级4:知识应用
	层级3:分析
	层级2:理解
自 动	层级1:信息提取

重要的是要认识到,新分类法的层级结构并不反映各层级的复杂程度,如自我系统不见得比元认知系统更复杂等。这与布卢姆的分类法和安德森等人(Anderson et al., 2001)的分类法形成对照,它们都试图以加工难度作为标准将不同的水平区分开来。此外,还有一点需要特别注意,那就是新分类法没有声称自我系统和元认知系统的组成部分具有层级性。例如,在意识水平方面,重要性检查、效能感检查和情绪反应检查没有一定的次序。

新分类法的心智过程

新分类法对心智过程做了相当直截了当的分类(分为六个层级),这六个层级可以应用到任何类型的知识中。较高层级的心智过程比较低层级的心智过程需要更多的有意识加工。表 3.3 呈现了新分类法中所有六个层级的心智过程。

表 3.3 新分类法中的心智过程

层级 6：自我系统	
重要性检查	学生判别知识的重要性及其依据。
效能感检查	学生判别提高对知识的理解或应用能力的信念及其依据。
情绪反应检查	学生判别对知识的情绪反应及其原因。
动机检查	学生判别加深知识理解和提高知识应用能力的总体动机水平及其原因。
层级 5：元认知系统	
目标设定	学生确立一个与知识有关的目标和完成目标的计划。
过程监控	学生监控与知识相关的具体目标的执行状况。
清晰度监控	学生确定他们了解知识的清晰度。
准确度监控	学生确定他们把握知识的准确度。
层级 4：知识应用	
决策	学生运用知识来做决定，或做出关于知识的决定。
问题解决	学生利用所学知识去解决问题，或解决关于知识的问题。
试验	学生利用知识来提出和检验假设，或提出和检验关于知识的假设。
调查	学生利用所学知识进行调查，或对知识进行调查。
层级 3：分析	
识别	学生识别知识各个部分之间重要的相似点和差异处。
分类	学生识别知识的上位类别和下位类别。
差错分析	学生识别知识呈现或使用中的错误。
拓展	学生在知识的基础上建构新的延拓或规则。
导出	学生识别知识的具体应用或逻辑结果。
层级 2：理解	
整合	学生识别知识的基本结构，区分关键特征和非关键特征。
符号化	学生建构知识的准确符号表征，区分关键的与非关键的成分。
层级 1：信息提取	
再认	学生能认出信息的特征，但不一定能理解知识的结构或区分关键与非关键成分。

续表

回忆	学生能指出信息的特征,但不一定能理解知识的结构或区分关键与非关键成分。
执行	学生执行程序没有重大差错,但并不一定理解该程序是如何运作的和为什么可以这样运作。

心智过程的六个层级与第2章描述的三个知识领域交互作用,下一章将详细介绍这些互动的细节。

小　　结

本章描述了新分类法的三个思维系统(认知系统、元认知系统和自我系统)和六个层级。认知系统包括信息提取、理解、分析和知识应用。元认知系统包含目标设定、过程监控、清晰度监控和准确度监控。自我系统包括重要性检查、效能感检查、情绪反应检查和动机检查。这些因素的互动决定了一个人的动机和注意力。

第4章　新分类法与知识的三个领域

正如前面章节所述，任何学科领域的知识都可以被纳入信息领域、心智程序领域和心理动作程序领域。新分类法中思维的六个层级与这三个知识领域以不同的方式互动。这一章将以新分类法中思维的六个层级为线索，对三个知识领域逐一进行讨论。在此之前，有必要强调这种做法与布卢姆分类法之间的差异。

布卢姆分类法只在第一水平指出了不同类型知识的差异。布卢姆对术语、事实与概括等做出了区分，然而这些区分没有被贯彻到分类法的其他五个水平中。例如，布卢姆没有讨论事实的评价与概括的评价到底有何不同。

与此相反，本章将细述新分类法所定义的六个思维层级是如何与三个知识领域以不同方式进行互动的。事实上，新分类法在本质上是二维的：一维是思维的六个层级，另一维是知识的三个领域（如图4.1所示）。

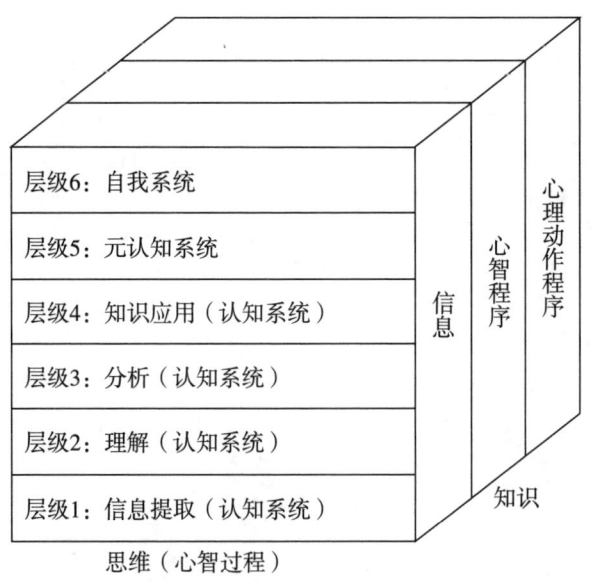

图4.1　新分类法

层级1：信息提取

信息提取包括知识的简单再认、回忆或执行。此处不期望学生对知识有深入的理解，或者能够识别知识的基本结构（或它的关键与非关键要素），或者用它来实现复杂的目标。这些都是新分类法中较高水平的期望。如前所述，信息领域只涉及陈述性知识，而陈述性知识可以被再认或回忆，但不能被执行。心智程序和心理动作程序领域涉及程序性知识，这两个领域的知识可以被再认、回忆和执行。再认、回忆和执行的过程高度相关，但因为它们可能被作为不同类型的任务呈现给学生，所以我们需要对它们分别进行考察。

再认

在三个知识领域中，信息提取之再认的任务如表4.1所示。

表4.1 再认的任务

信息	
细节	学生验证对具体细节的陈述的准确性。
事理	学生验证对具体事理的陈述的准确性。
心智程序	
技能	学生验证对具体的心智技能的陈述的准确性。
流程	学生验证对具体的心智流程的陈述的准确性。
心理动作程序	
技能	学生验证对具体的心理动作技能的陈述的准确性。
流程	学生验证对具体的心理动作流程的陈述的准确性。

1. 信息的再认

为了实现对信息领域内简单细节的再认，学生必须识别关于词语、事实和时序的准确表述；然而，他们可能没有能力做出这样的陈述。下面的问题将引出对具体细节的再认：

下面哪一项给出了冉·阿让第一次被判刑的原因?

a. 偷了一块面包

b. 偷了主教的烛台

c. 没有为他买的一头牛纳税

d. 拒绝加入法国军队

对事理的再认包括识别关于延拓和规则的准确表述。下面的问题会引出对事理的再认:

下列哪一项最不可能与青少年自杀相联系?

a. 抑郁

b. 心理疾病

c. 滥用药物和酒精

d. 糖尿病

要正确地回答这个问题,学生必须了解可能导致青少年自杀的各种原因以及这些原因出现的概率。

2. 心智程序的再认

当与心智技能相关联时,再认是指验证关于心智技能的陈述。例如,下面这道题将会引出对心智技能的再认:

当向你呈现一幅你从未见过的地图时,下列哪一项最不可能成为你将采取的第一步?

a. 看地图图例

b. 开始寻找特定的地方

c. 识别地图包括的总区域

d. 看地图的标题

通过验证有关心智流程陈述的准确性，学生实现了对使用特定的文字处理软件（如微软文字处理软件）的心智程序的再认。下面的任务将引出这类思维活动。

当下面的陈述与微软文字处理软件使用程序一致时，就在该句子前画上符号 T，不一致时就画上符号 F。

____当一个文件被打开时，你可以按你的意愿对它反复多次命名。

____你必须在整个文件中使用相同的字体，但你可以改变字的大小。

____在一个文档中，你可以采用多种缩进方式。

3. 心理动作程序的再认

当涉及心理动作程序时，再认涉及验证关于心理动作技能和流程的陈述的准确性。下面的问题会引出这类思维活动：

心理动作技能：关于拉伸腿部肌肉，下列哪项陈述合乎事实？
a. 最好是把肌肉拉伸到你开始感到疼痛的程度
b. 当腿部肌肉被拉伤时，你应该休息，直到你感觉不到肌肉紧张了
c. 你应该采用缓慢渐进的方式拉伸腿部肌肉

心理动作流程：关于打篮球时人盯人防守，下列哪项陈述合乎事实？
a. 正确的姿势是让你的双脚并拢，以便你可以向任何方向移动
b. 你应该一只手举高，一只手放低
c. 你绝不应该打断对手运球

回忆

回忆包括生成而不是简单地再认信息。表 4.2 呈现的是在知识的三个领域中回忆的任务。

表 4.2　回忆的任务

信息	
细节	在被问及具体的细节时，学生给出相关的信息。
事理	当他人提及某个规则或延拓时，学生给出相关的信息。
心智程序	
技能	学生根据要求描述心智技能的一般性质和要求。
流程	学生根据要求描述心智流程的一般性质和要求。
心理动作程序	
技能	学生根据要求描述心理动作技能的一般性质和要求。
流程	学生根据要求描述心理动作流程的一般性质和要求。

1. 信息的回忆

为了实现对信息领域中简单细节的回忆，学生必须给出关于词语、事实和时序的准确信息，但无须是关键性的信息。

下面的问题可导出对特定词语的回忆：

我们一直在学习"突触"这个术语。简要解释它的意思。

要实现对信息领域内事理的回忆，可以阐明有关延拓或规则的例子。

例如，学生通过给出关于生命起源的延拓的例子来表现对事理的回忆。下面的问题可引出这类思维活动：

我们学过这样的延拓："所有的生命都来源于生命体并可以产生与自己相同的生命体。"请识别出两个我们已经学习过的这类例子。

下面的问题可导出对规则的回忆：

有关静电力的库仑定律指出："两个静止的点电荷之间的作用力与它们的电荷量的乘积成正比，与它们之间距离的平方成反比。"请描述我们学过的这个定律的两项推论。

重要的是我们要注意到上述两个问题中提到的实例及其应用都是学生之前了解的（比如，识别两个我们已学过的例子）。这是因为，根据定义，回忆涉及的是已知信息，而不是新生成的信息。让学生举出延拓或规则的新例子最好归为分析（新分类法中的层级3）。

2. 心智程序的回忆

心智技能的回忆是指生成关于心智技能的基本信息。例如，学生将通过描述阅读等高线地形图的心智技能来展示对这项技能的回忆。下面的任务可导出这类思维活动：

描述当阅读不熟悉的等高线地形图时，你会做的一些事情。

学生在回忆使用微软文字处理软件的心智流程时，会解释整个使用过程的方方面面，但未必实际操作。下面的任务可导出这类思维活动：

说明给一个打开了的文件重新命名所必须采取的步骤。

3. 心理动作程序的回忆

心理动作程序的回忆是指生成关于心理动作技能或流程的基本信息。例如，下面的任务将分别导出关于拉伸腿部肌肉的心理动作技能和打篮球时人盯人防守的心理动作流程的回忆。

心理动作技能：我们一直在检查拉伸腿部肌肉的适当技术。在什么情形下使用这种技术能够起作用？描述基本的步骤。

心理动作流程：描述恰当的人盯人防守技术。

执行

表4.3呈现的是在知识的三个领域中执行的任务。

表4.3 执行的任务

信息	
细节	不适用。
事理	不适用。
心智程序	
技能	学生根据要求展示心智技能且没有出现明显错误。
流程	学生根据要求展示心智流程且没有出现明显错误。
心理动作程序	
技能	学生根据要求展示心理动作技能且没有出现明显错误。
流程	学生根据要求展示心理动作流程且没有出现明显错误。

如表4.3所示，信息提取中的执行不适用于信息领域。然而，在心智程序或心理动作程序中，学生学习知识的最终目标是可以展示或运用知识而不出现明显的错误。如前所述，执行并不意味着学生理解为什么要运用程序或程序将怎样运行，他们只是会运用而已。

心智程序和心理动作程序中的执行任务，其基本形式与以下类似。

- 心智程序的执行

心智技能：你已经拿到了我们学校周边地区的等高线地形图。描述它所提供的这一地区的信息。

心智流程：你会在办公桌上发现一封信的复印件。使用微软文字处理软件，将这封信内容录入，保存好并用信笺纸把它打印出来。

- 心理动作程序的执行

心理动作技能：演示拉伸腿部肌肉的正确方法。

心理动作流程：选择一个合作伙伴，玩篮球运动中的人盯人游戏，进5个球为一局。与此同时，示范恰当的人盯人防守技术。

层级2：理解

理解对学生的要求要高于信息提取。信息提取涉及信息再认、回忆或执行，而理解则涉及知识更重要的方面，即对它们进行整合和符号化表示。理解在本质上具有更大的生成性，通常会涉及对存储在工作记忆中的知识进行改变。理解有两个相关的过程：整合和符号化。

整合

整合是把知识分解为关键的部分。如前所述，在技术方面，整合包括创建一个知识的宏结构——通常是在比原有经验更加概括的水平上对知识的关键要素做简要说明。表4.4列出了在知识的三个领域中整合的任务。

表4.4 整合的任务

信息	
细节	学生根据要求识别具体细节中关键与非关键的要素。
事理	学生根据要求识别延拓或规则的定义性特征。
心智程序	
技能	学生根据要求描述心智技能所涉及的各步骤之间的逻辑。
流程	学生根据要求描述心智流程各主要方面之间的逻辑。
心理动作程序	
技能	学生根据要求描述心理动作技能所涉及的各步骤之间的逻辑。
流程	学生根据要求描述心理动作流程各主要方面之间的逻辑。

1. 信息的整合

在某些情况下，整合可以应用于细节。由于整合涉及识别关键与非关键的要素，因此必须有一个较为复杂的结构将细节整合起来。例如，发生在阿拉莫的事件可能足够复杂，可以用于弄清整合的过程。在回忆的水平上，学生只需要记得这些事件的一般性质。然而，在整合的水平上，学生要能够区分哪些事件对最终结果来说是关键的，而哪些事件不是。下面的任务可引出与这个事件有关的知识整合。

　　识别在阿拉莫事件中，哪些事件对最终结果来说是关键的，哪些事件不是关键的。

鉴于其内部的复杂性，事理是非常适合整合的。然而，规则和延拓的整合过程有点不同。就规则来说，整合的过程可以反映对规则所表述的变量之间的关系的理解。如第2章所述，变量之间的关系有多种形式。例如，一个变量数量的增加与另一个变量数量的增加有关，或一个变量数量的增加与另一个变量数量的减少有关。在对规则的整合中，学生必须说清楚与该规则相关的变量及变量之间关系的准确性质。例如，学生通过识别和描述在北极栖息地的旅鼠数量与同一栖息地中的驯鹿数量之间的关系，或者通过描述河水中所溶解的碳酸盐的质量与这条河中蚌的数量之间的关系，来进行规则的整合。下面的任务就涉及这些例子，它们将引出整合。

　　● 北极栖息地的旅鼠数量与同一栖息地中的驯鹿数量之间存在着某种关系。请描述这种关系。注意要将所有影响这一关系的主要因素都考虑进去。
　　● 描述某条河中碳酸盐的溶解量与蚌的数量之间的关系。影响这种关系的因素有哪些？这些因素是如何起作用的？

重要的是，这些任务对学生的要求超出了对课堂上所呈现信息的回忆，学生需要以新的方式来组织和陈述课堂上教过的信息。

对延拓的整合涉及对延拓的关键与非关键的属性的识别。回想一下第2章，延拓是关于某类人、地点、事物、事件的阐述。对延拓进行整合时，涉及识别某一类事物的定义性特征，而不是与之相关但并非定义性的特征。例如，学生通过识别金毛寻回犬的定义性特征，而不是那些和金毛寻回犬相关但非定义性的特征，实现了对金毛寻回犬这一延拓的整合。同样，整合任务比回忆课堂上所呈现的内容要求更高。下面的问题可以导出此种类型的整合。

> 哪些是互惠性关系的定义性特征？哪些是与互惠性关系相关但非定义性的特征？

2. 心智程序的整合

心智技能或流程的整合包括识别和阐明心智技能或流程的步骤、步骤的顺序，以及该顺序所依循的逻辑。它不仅仅是对步骤的回忆，还要求学生对隐含在流程背后的原理加以评论。下面的问题可导出关于阅读条形图的心智技能的整合。

> 描述你阅读条形图时所经历的步骤。说明是否需要以特定的顺序来执行这些步骤。

下面的问题可导出关于使用 WordPerfect 的心智流程的整合。

> 描述你使用 WordPerfect 来写信、保存然后打印这一流程所经历的步骤。这一流程的各个部分之间的关系如何？

3. 心理动作程序的整合

心理动作技能和流程的整合方式跟心智技能和流程的整合方式一样。学生通过描述打网球时反手击球这个动作的组成部分及其相互关系，表现对心理动作技能的整合。学生通过描述打网球时接发球的流程所涉及的技能和策略及其相互作用，表现对心理动作流程的整合。下面的问题会导出这类思维活动：

> 描述反手击球的最好方法。优秀的反手击球的关键要素是什么？
> 解释回击发球的技能和策略。这些技能和策略是如何相互影响的？

符号化

理解过程中的符号化是指以某种非语言的或抽象的形式来描述知识。表4.5列出了理解过程中的符号化在三个知识领域中的任务。

表4.5 符号化的任务

信息	
细节	学生根据要求用非语言或抽象的形式准确地描述细节的主要方面。
事理	学生根据要求用非语言或抽象的形式准确地描述延拓或规则的主要成分及其关系。
心智程序	
技能	学生根据要求用非语言或抽象的形式准确地描述心智技能的组成部分。
流程	学生根据要求用非语言或抽象的形式准确地描述心智流程的组成部分。
心理动作程序	
技能	学生根据要求用非语言或抽象的形式准确地描述心理动作技能的组成部分。
流程	学生根据要求用非语言或抽象的形式准确地描述心理动作流程的组成部分。

需要注意的是，表4.5中的每条内容都强调学生的描述要准确。事实上，如第3章所述，符号化意味着对知识的准确整合。因此，要展示对知识的符号化过程，学生必须整合这些知识。

1. 信息的符号化

对细节的符号化可通过对学生提出较为直接的要求来达成。例如，如果教师希望判断学生的能力，了解他们对"遗传"这一术语的符号化状况，他可进行如下的引导：

> 本单元我们使用了"遗传"这个术语。用示意图或图表形式来说明这个术语中你认为重要的方面。

如果教师想引出特定事件的符号化过程，他可能对学生提出以下要求：

列出1989年伊拉克入侵科威特①时的关键事件。

细节的符号化可以采用各种各样的方式。例如，某学生可以采用图形组织者的方式呈现关于遗传的关键信息，另一个学生可能选择图表形式，还有学生可以呈现一幅图。

对事理来说，恰当的符号化形式是有限的。特别是如第3章所指出的，延拓适用于某些类型的陈述，而不适用于另外一些类型的陈述。一种最常见的关于延拓的描述如图4.2所示："当国家衰弱时，独裁者通过承诺使国家强大而得以上台。"

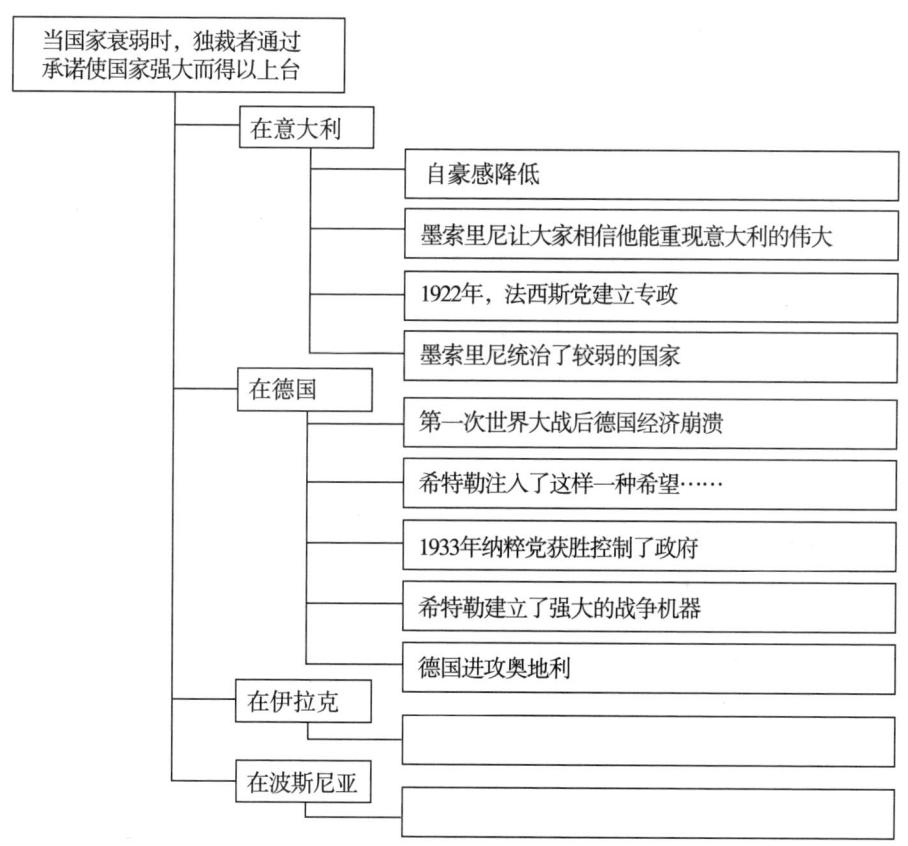

图4.2 延拓示意图

---

① 1990年伊拉克与科威特围绕石油问题谈判破裂，8月伊拉克入侵科威特。——译者注

下面的任务可导出关于这个延拓的符号化:

设计一幅图表示如下的延拓:"当国家衰弱时,独裁者通过承诺使国家强大而得以上台。"

由于规则描述了变量之间的关系,故它们通常用图形来加以符号化。例如,图4.3是学生可能建构的,用以表征在北极栖息地的旅鼠数量与同一栖息地的北美驯鹿数量的关系。

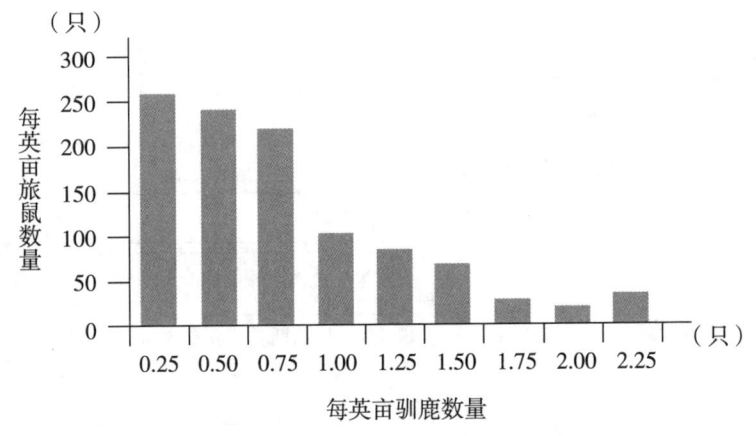

图4.3 规则示意图

注:1英亩≈4046.9平方米。

下面的问题可导出这类思维活动:

用图形表示北极栖息地的旅鼠数量与同一栖息地的北美驯鹿数量之间的关系。

2. 心智程序和心理动作程序的符号化

无论是心智程序还是心理动作程序,符号化普遍涉及构建描述活动流程的图表或流程图。例如,图4.4为学生阅读条形图时可能需要的技能的示意图。

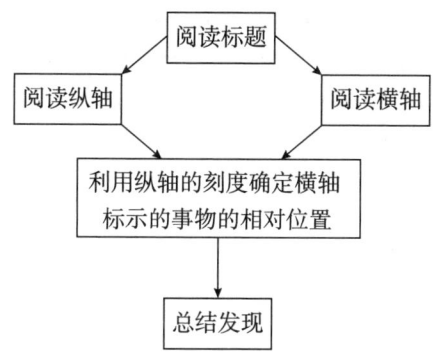

图 4.4　技能示意图

下面的任务可引出有关心智程序和心理动作程序的符号化：

心智技能：画图表示你阅读条形图时所经历的思维活动。

心智流程：用示意图表示使用 WordPerfect 书写、储存和打印一封信的流程。

心理动作技能：画图表示在打网球时反手击球所涉及的动作。

心理动作流程：画图表示你在打网球时接发球过程中所做的事情。

层级 3：分析

如第 3 章所描述的，所有的分析都包含详细地检验知识的过程，其结果是产生新的结论。分析过程有五种：（1）识别；（2）分类；（3）差错分析；（4）拓展；（5）导出。

识别

识别包含确认异同。表 4.6 列出了三个知识领域中的识别任务。

表 4.6　识别的任务

信息	
细节	学生根据要求辨认各种具体细节有何相似和不同。
事理	学生根据要求辨认各种延拓和规则有何相似和不同。
心智程序	
技能	学生根据要求辨认各种心智技能有何相似和不同。
流程	学生根据要求辨认各种心智流程有何相似和不同。
心理动作程序	
技能	学生根据要求辨认各种心理动作技能有何相似和不同。
流程	学生根据要求辨认各种心理动作流程有何相似和不同。

1. 信息的识别

对细节的识别包括辨认词语、事实或时序在结构上的相似与不同之处。例如，学生通过判断葛底斯堡战役与其他战役有何相似和不同，表现出他识别有关葛底斯堡战役知识的能力。下面的任务可导出这类思维活动：

描述葛底斯堡战役与亚特兰大战役的异同。

识别可以涉及某类知识的两个以上的例子。例如，学生依据历史人物的相似性，将他们分成两组或更多组，以此表现出识别的能力。下面的任务可导出这种类型的识别：

我们研究了许多由于各种原因而成为历史上重要人物的个人。把这些人分成两组或两个以上的组，解释每个组内的人物有什么相似的地方，同时解释不同组的人物有何不同。

亚历山大·格拉汉姆·贝尔（Alexander Graham Bell）

伽利略（Galileo）

乔治·华盛顿·卡弗（George Washington Carver）

路易斯·巴斯德（Louis Pasteur）

阿梅莉亚·埃尔哈特（Amelia Earhart）

萨莉·赖德（Sally Ride）

约翰·格伦（John Glenn）

亨利·福特（Henry Ford）

红发埃里克（Eric the Red）

费迪南德·麦哲伦（Ferdinand Magellan）

雅克·卡蒂亚（Jacques Cartier）

马丁·路德·金（Martin Luther King, Jr.）

对事理的识别包括辨认一项规则或延拓与其他的规则或延拓有何相似和不同。下面的问题可导出两个规则的识别过程：

以下是自然界中发现的两个变量集。识别每一个变量集的潜在规则并解释这些规则有何相似和不同。

变量集1：

a. 每平方码（约0.8平方米）土地上植被的数量。

b. 同一地区的土壤中含有的硝酸盐的量。

变量集2：

a. 伊利诺伊州每英亩（约4046.9平方米）耕地上谷物的产量。

b. 每英亩（约4046.9平方米）耕地土壤中的养分量。

考虑到规则的结构，其识别的重点放在描述这些规则所表述的变量关系之间的异同上。不过，延拓涉及的是对各种类型的人、地点、有生命的与无生命的物体、事件和抽象事物的陈述。因此，对延拓进行识别的过程就是判断两个或多个类型事物的定义性特征有何相似与不同的过程。下面的任务可导出这类思维活动：

我们一直在研究民主党政治家与共和党政治家的各种特点。说出他们有什么相似与不同处。

2. 心智程序和心理动作程序的识别

与心智技能相关的识别，是指辨认两种或更多的技能在步骤上有什么相似和不同。例如，学生将通过阐明阅读行政地图与阅读等高线地形图有何相似与不同来演示识别。下面的任务将引出这类思维活动：

描述阅读行政地图与等高线地形图有哪些相似与不同之处。

同样，与心智流程相关的识别包括辨认两个或多个心智流程的组成部分有哪些相似和不同之处。例如，学生通过描述写诗的流程与写故事的流程的异同，来演示对写诗流程的识别。下面的任务将引出这类思维活动：

描述写诗的流程与写故事的流程有何异同。

最后，对心理动作技能和流程的识别，与对心智技能和流程的识别是相同的。可以引出对心理动作程序的识别的例子如下：

心理动作技能：描述打网球时反手击球与正手击球有何相似与不同。

心理动作流程：描述打网球时接发球的流程与上网的流程有何相似与不同。

分类

新分类法所界定的分类，不仅仅在于把众多的项目分成不同的组或类，那只是识别的功能；相反，分类涉及区分特定知识所属的上位类别，以及将知识组织起来的下位类别。表4.7列出了三个知识领域中的分类任务。

表 4.7 分类的任务

信息	
细节	学生依据要求区分特定的细节所属的上位类别。
事理	学生依据要求区分延拓或规则的上位和下位类别。
心智程序	
技能	学生依据要求区分心智技能所属的上位类别。
流程	学生依据要求区分心智流程的上位和下位类别。
心理动作程序	
技能	学生依据要求区分心理动作技能所属的上位类别。
流程	学生依据要求区分心理动作流程的上位和下位类别。

1. 信息的分类

对细节的分类只涉及对上位类别的鉴别。例如，学生通过辨认葛底斯堡战役可能归属的类型或类别表现出对细节进行分类的能力。下面的问题可引出这类思维活动：

> 你会把葛底斯堡战役归为什么类别的事件？解释这样分类的原因。

由于细节很具体，似乎不太可能把它们纳入从属的类型或类别。

对事理进行分类，包括辨认与延拓或规则有关的上位和下位类别。例如，学生会通过辨认伯努利原理所归属的规则或一般理论的类别，展示对它的分类。下面的任务可引出这类思维活动：

> 我们一直在研究伯努利原理。辨认它所从属的规则类型或一般的理论，解释伯努利原理的哪些特征使你将其纳入你所确定的类别。

下面的任务可引出伯努利原理的下位类别：

> 伯努利原理有许多应用。描述两个或多个应用的类别。

2. 心智程序的分类

在心智技能方面，分类只包括确定上位类别。与细节相类似，技能一般都过于具体以至没有下位类别。例如，学生通过确定阅读条形图这一技能所从属的更为普遍的技能类别来演示分类。下面的问题可引出这类思维活动：

> 阅读条形图属于什么类别的技能？解释原因。
> 阅读条形图的哪些特征让你判断它属于这个类别？

心智流程的分类包括确认上位或下位类别。下面的问题可引出这类思维活动：

> 写作属于哪一类别的心智流程？写作的什么特点导致它属于这个类别？
> 辨认一些跟你可能使用的步骤略有不同的写作类别。这些类别的写作之间有何相似但不同之处？

3. 心理动作程序的分类

心理动作技能的分类与心智技能的分类相似。下面的问题可引出拉伸腿部肌肉这一心理动作技能的分类：

> 我们一直在研究如何恰当地拉伸腿部肌肉。这种技能可归入哪种更普遍的类别？说明你将拉伸腿部肌肉纳入该类别的原因。

心理动作流程的分类类似于心智流程的分类。下面的问题将引出"热身"这一心理动作流程的分类：

> "热身"可以归入哪种更为普遍的心理动作流程类别？解释为什么它属于这个类别。
> "热身"有哪些具体的类别？解释这些类别有何异同。

差错分析

差错分析包括确定知识的事实性或逻辑性差错以及知识运用过程中的差错。如表 4.8 所示，在不同的知识领域，差错分析的表现有所不同。然而，所有的差错分析有一个共同特征，就是它们都涉及虚假或不准确的信息。

表 4.8 差错分析的任务

信息	
细节	学生根据要求确定特定细节的信息的合理性或准确性。
事理	学生根据要求确定延拓的例子或规则的新的应用的合理性或准确性。
心智程序	
技能	学生依据要求找出心智技能运用中出现的差错。
流程	学生依据要求找出执行心智流程中出现的差错。
心理动作程序	
技能	学生依据要求找出心理动作技能运用中出现的差错。
流程	学生依据要求找出执行心理动作流程中出现的差错。

1. 关于信息的差错分析

就细节而言，差错分析是指学生根据自身对主题的了解，认定信息的合理程度。例如，学生从小大角战役（the Battle of the Little Big Horn）的已有知识出发，判断阅读到的有关小大角战役的新信息的可信性，就是在做差错分析。下面的问题可引出这一情境中的差错分析：

> 所附的文章包含在课堂上没有讨论的有关小大角战役的资料。解释哪些信息看起来是合理的，为什么？哪些信息似乎不合理，为什么？

对事理的差错分析包括判断有关延拓的事例或规则的应用是否合乎逻辑。例如，学生利用已知的有关太阳及其与地球关系的知识，找出某个人在这方面所做的错误结论并说明为什么是错的，就是在做规则的差错分析。下

面的任务可引出这类思维活动:

  约翰知道,人在上午11:00至下午1:00之间暴晒于阳光下,最有可能被晒伤。他问他的6个朋友这是为什么。他们每人都给出了一个不同的回答。确定哪些回答是错的,并对出现差错的各种情况做出解释。
  回答1:中午时分我们与太阳的距离比上午或下午稍近。
  回答2:中午的阳光比上午或下午的阳光有更大的"晒伤力"。
  回答3:当太阳光线直射到地球表面时,地球表面吸收的太阳能比当太阳光线斜射时所吸收的太阳能要多。
  回答4:太阳当头照时,太阳光线穿越的空气比太阳低垂时要少。
  回答5:中午时分的空气比一天中其他任何时间都要更暖和一些。
  回答6:太阳光中的紫外线是导致人晒伤的主要原因。

当学生检查新生成的延拓的合理性时,特定形式的差错分析就会发生。在这种情况下,学生考虑的不仅仅是信息的准确性,还包含延拓在多大程度上得到支持(如依据、认可、复核和资质,如第3章所描述的那样)。下面的任务将引出这类思维活动:

  下面的文章提出了"全球变暖没有发生"这一延拓。检查和讨论作者提供的事实和他用来支撑结论的逻辑的准确性。

2. 关于心智程序的差错分析

  就心智技能和流程而言,差错分析涉及找出某人在使用的过程中正在犯或已经犯的差错。例如,学生通过识别和描述某人在执行分数加法程序的过程中所出现的差错来显示其对这一心智技能的差错分析。下面的任务可引出这种思维活动:

  约翰将2/3与3/4相加,得到5/7。说明他在计算中可能出现的差错。

下面的任务可导出应用 WordPerfect 这一文字处理软件的心智流程中的差错分析：

> 罗伯特打算按如下步骤用 WordPerfect 软件写一篇作文。请描述如果他真的按照以下步骤操作的话，会出现什么问题。
> - 进入 WordPerfect 界面后，他点击页面顶部栏的 Center 命令开始工作。
> - 他打出三段作文。
> - 完成后，他点击屏幕右上角的×。
> - 第二天，他重新打开 WordPerfect，打印出他的作文。

3. 关于心理动作程序的差错分析

心理动作程序的差错分析与心智程序的差错分析基本上是一致的，它们都涉及对某人在运用技能或流程中所犯或正在犯的差错的识别。下面的任务将引出关于心理动作技能的差错分析：

> 我将示范网球运动中的反手击球，但有些动作会有差错。描述我做得不对的地方以及这些差错所产生的影响。

下面的任务将引出关于心理动作流程的差错分析：

> 等会儿你将观看一个女子打网球时接发球的简短录像。描述她的差错及其影响。

拓展

分析层次中的拓展包括从已知信息中推断出新的延拓和规则。表 4.9 列出了三个知识领域中的拓展任务。

表 4.9 拓展的任务

信息	
细节	学生依据要求，基于已知的细节建构新的延拓和规则并进行辩护。
事理	学生依据要求，基于已知的延拓或规则建构新的延拓和规则并进行辩护。
心智程序	
技能	学生依据要求，基于特定的心智技能信息建构新的延拓和规则并加以辩护。
流程	学生依据要求，基于特定的心智流程信息建构新的延拓和规则并加以辩护。
心理动作程序	
技能	学生依据要求，基于特定的心理动作技能信息建构新的延拓和规则并加以辩护。
流程	学生依据要求，基于特定的心理动作流程信息建构新的延拓和规则并加以辩护。

1. 关于信息的拓展

细节的拓展包括依据诸如词语、事实或事件这样的具体要素来推断出延拓和规则。例如，学生基于在课堂上已说明的具体事件，建构关于政治暗杀本质的延拓和规则，展示出对细节的拓展这种分析技能。下面的问题可引出这类思维活动：

> 我们已经研究了多起政治暗杀事件。根据这些事例，你对政治暗杀能做出什么概述？注意为你的结论提供证据。

对事理的拓展是一项相当复杂的技能，涉及基于已知的延拓和规则建立新的延拓和规则。例如，学生基于一套相关的规则和延拓，建构对地球生命的新结论，以此展示对事理的拓展。下面的问题可引出这类思维活动：

> 下面是我们学过的一系列有关地球生命的论述。从这些论述中，你可以得出什么结论？说明理由。
> - 地球的气候曾有过巨大的变化。
> - 植物的协调与整合通常比动物要慢。

- 生命结构和功能的复杂性随生命形式从低级到高级的发展而不断增加。
- 所有的生命都源于生命体并可以产生与自己相同的生命体。
- 光是生命的限制因素。

2. 关于心智程序的拓展

心智技能的拓展包括建构起关于某一组技能的结论并加以辩护。例如，学生基于对阅读特定图表和图像技能的理解，得出关于阅读一般图表和图像的新结论，他们就是在进行拓展。下面的问题可引出这类思维活动：

> 基于对阅读条形图、扇形图、柱状图和线图等类型的图表和图形步骤的理解，你能针对阅读一般的图表和图形推断出什么延拓或结论？为了推断出你的结论，你使用了哪些具体信息？这些信息对你的结论起了什么样的支持作用？

心智流程的拓展与心智技能的拓展类似。学生基于他们对两个或多个心智流程的理解推断出新结论。下面的问题可引出这类思维活动：

> 基于你对画一幅画、写一首歌、写一个故事的流程的理解，你对一般意义上的创作流程可以得出什么样的结论？你用了哪些具体的信息来生成新的结论？

3. 心理动作程序的拓展

心理动作程序的拓展遵循与心智程序相同的模式。下面的问题可导出心理动作技能的拓展：

> 根据你对下列技能的理解，对于击球你能推导出什么样的一般性结论？
> - 击出一个曲线球。
> - 击出一个直球。

- 击出一个蝴蝶球。
- 击出一个滑行球。

下面的问题将引出与心理动作流程有关的拓展：

基于你对以下心理动作流程的理解，你能针对防守型打法推导出什么样的一般性结论？
- 打篮球时采用人盯人的防守方法。
- 打橄榄球时防守接球员。
- 打网球时回击大力发球。

导出

分析层次中的导出涉及对在特定情况下可能发生或一定会发生的事情做出预测并为之辩护。表4.10列出了三个知识领域中的导出任务。

表4.10 导出的任务

信息	
细节	不适用。
事理	学生根据要求，辨认在特定条件下，相对于给定的延拓或规则，哪些特征可能是真实的或一定是真实的。
心智程序	
技能	学生根据要求对在特定条件下可能发生或一定会发生的事情（与心智技能相关的）进行推测并加以辩护。
流程	学生根据要求对在特定条件下可能发生或一定会发生的事情（与心智流程相关的）进行推测并加以辩护。
心理动作程序	
技能	学生根据要求对在特定条件下可能发生或一定会发生的事情（与心理动作技能相关的）进行推测并加以辩护。
流程	学生根据要求对在特定条件下可能发生或一定会发生的事情（与心理动作流程相关的）进行推测并加以辩护。

1. 关于信息的导出

如表 4.10 所描述的，导出并不适用于细节，因为细节过于具体以至不涉及依据规则做出预测。从事理来看，导出是一种自然的思维，因为根据定义，事理就建立在导出的基础上。

对延拓的导出，是指基于对某个具体项目所属的种类或类别的理解，识别该项目中可能或一定正确的方面。例如，学生基于他对熊的一般知识的了解，生成关于某类熊的"正确"陈述并为之辩护，就是在进行导出。下面的问题可引出这类思维活动：

在阿拉斯加发现了一种新型的熊。这种阿拉斯加熊一定会有和可能会有的特点是什么？你根据什么来推导出它一定会有的特点和可能会有的特点？

对规则的导出涉及对在一定条件下将会发生什么或可能发生什么做出预测并对所做的预测进行辩护。例如，当学生判断如果地球的轨道是圆形而不是椭圆形时一定发生或可能发生的事时，他们就进行了导出。下面的问题可引出这类思维活动：

我们知道，地球的轨道是椭圆形的，由此决定了地球上的某些事情。但若假设地球的轨道是圆的，那么哪些事情必然会变化，哪些事情可能会发生变化？解释你的预测背后的推理过程。

2. 关于心智程序的导出

关于心智技能和心智流程的导出，涉及识别在特定条件下应用心智技能或流程时一定发生或可能发生的事。例如，在没有图例的情况下，学生决定如何改变阅读条形图的程序，就是对心智技能的导出。下面的问题可引出这类思维活动：

如果没有提供标题的话，你会如何修改阅读条形图的过程？解释为什么你的修改是必要的。

下面的问题可引出关于写作的心智流程的导出：

> 如果不能反复写草稿，你会如何修改写作的流程？解释为什么你的修改是必要的。

3. 关于心理动作程序的导出

心理动作程序的导出与心智程序的导出是一样的：学生识别在特定条件下执行某个程序时一定发生或可能发生的事。下面的任务将引出有关心理动作技能的导出：

> 在空手道回旋踢的过程中，如果你在踢腿时做的第一个动作是把膝盖尽可能提高到你的胸部，描述一下将会发生什么。

下面的任务可引出关于心理动作流程的导出：

> 说明你应如何变换击球姿势和技术，以应对一个可以抛出时速达110英里（约177千米）快球的投手。

层级 4：知识应用

正如其名称所示，知识应用要求学生在特定的情境下应用或使用知识。在这种情况下，学生的心智活动不像分析过程一般聚焦于知识本身；相反，学生的心智活动关注的是由于知识而得以凸显的特定情境。例如，在关于气压原理的差错分析过程中，学生关注的重点是气压。然而，当利用气压的知识来决定到底是在室内还是在室外举办联欢会时（知识应用），重点就放在了联欢会而不是气压上。知识应用有四种：（1）决策；（2）问题解决；

(3) 试验;(4) 调查。我们逐一详述。

决策

决策涉及在一开始看起来大体相当的备选项目中进行选择。表 4.11 列出了三个知识领域中的决策任务。

表 4.11 决策的任务

信息	
细节	学生根据要求,利用细节知识做出具体的决定或有关细节的决定。
事理	学生根据要求,利用延拓或规则知识做出具体的决定或有关延拓或规则的决定。
心智程序	
技能	学生根据要求,利用心智技能(技能或知识)做出具体的决定或有关心智技能的决定。
流程	学生根据要求,利用心智流程(技能或知识)做出具体的决定或有关心智流程的决定。
心理动作程序	
技能	学生根据要求,利用心理动作技能(技能或知识)做出具体的决定或有关心理动作技能的决定。
流程	学生根据要求,利用心理动作流程(技能或知识)做出具体的决定或有关心理动作流程的决定。

1. 关于信息的决策

在决策中,细节经常被当作判断的要素。例如,当学生使用他们关于某个地点的知识来确定垃圾处理厂的最佳位置时,他们就是在用细节做决定。下面的问题可引出这类思维活动:

假设要从下面的三个地点中选择一个作为新的垃圾处理厂的位置:(1) 城市北端的湖边;(2) 机场附近;(3) 城外的山里。哪个地点最好?解释你选择的地点有什么特点从而使它成为最佳的选择。

延拓和规则总是决策过程中的关键组成部分。考虑前面的例子,有关三个地点的细节知识确实被用于做出决定。不过,使用有关垃圾处理厂的延拓或规则也是必要的。一般来说,事理是人们用来在各种选项之间做出决定的依据。下面的决策任务将突出事理的使用:

> 你的任务是在下列人选中确定谁会是最好的和平时期领导人:(1)马丁·路德·金;(2)安瓦尔·萨达特;(3)富兰克林·罗斯福。解释你用来在这三者之间进行选择的标准。

为了在这些备选人物中进行选择,学生必须使用某种形式的关于和平时期领导人的事理——很可能是延拓。比如,和平时期的领导人应该对文化间的异同有深入的理解。

2. 关于心智程序的决策

心智技能有时被用作收集决策信息的工具。例如,为了导出与特定心智技能有关的决策,教师可能会向学生提出如下决策任务:

> 利用四角地区的等高线地形图,找到水净化厂的最佳位置。一定要解释等高线地形图的信息是如何让你做出最佳选择的。

请注意,该任务的导语要求学生解释等高线地形图的信息对决策有什么作用。像这样的导语对于突出特定心智技能的核心作用是必需的。

下面的任务要求使用特定的心智流程来做决定:

> 将统计程序 Ecostat 作为一种工具,以决定在课堂上跟踪的三只股票中哪一只是最好的长期投资股票。解释计算机程序是如何帮助你做出这一决定的。

3. 关于心理动作程序的决策

决策时可以使用心理动作技能和流程,然而,能够使用它们的决策类型是有限的。最常见的是，决策涉及在具体情境中使用最好的技能或流程。例如，一个涉及具体的空手道技巧的决策任务如下：

> 如果对手的前踢和侧踢都很强，但回旋踢较弱，用什么样的踢法对付他最好？

下面的决策任务会使用心理动作流程：

> 以下哪个流程可以成为你与网球强手对垒时得分的最佳依靠：
> - 你接发球的能力。
> - 你截击的能力。
> - 你的网前能力。

问题解决

知识应用中的问题解决涉及在存在障碍或限制的条件下完成预定的目标。表4.12列出了三个知识领域中的问题解决任务。

表4.12　问题解决的任务

信息	
细节	学生依据要求，利用细节知识来解决具体的问题或有关细节的问题。
事理	学生依据要求，利用延拓或规则的知识来解决具体的问题或有关延拓或规则的问题。
心智程序	
技能	学生依据要求，利用心智技能或对心智技能的理解来解决具体的问题或有关心智技能的问题。
流程	学生依据要求，利用心智流程或对心智流程的理解来解决具体的问题或有关心智流程的问题。
心理动作程序	
技能	学生依据要求，利用心理动作技能或对心理动作技能的理解来解决具体的问题或有关心理动作技能的问题。
流程	学生依据要求，利用心理动作流程或对心理动作流程的理解来解决具体的问题或有关心理动作流程的问题。

问题解决与决策是密切相关的，后者往往是问题解决中的一个因素。然而，决策不会遇到实现目标的障碍，而问题解决则会涉及。

1. 关于信息的问题解决

为了解决问题，通常需要细节知识。例如，学生可能会利用某个百老汇戏剧的知识来解决戏剧演出中的问题。为了举例说明，请考虑下面的任务：

> 你打算上演《红男绿女》（*Guys and Dolls*）这出戏，但没有资金来搭布景。实际上你只有箱子可以用作布景材料。画出某个场景的草图，并解释在那场戏中你如何使用那些箱子。

在这个任务中，正是学生对《红男绿女》中特定场景的知识（例如，一个具体的细节）为仅仅使用箱子进行舞台设计提供了方法。

事理适用于各种问题解决任务。通常，学生在寻求如何最好地克服障碍时会使用延拓或规则。为了说明这一问题，请重新考虑《红男绿女》这出戏的演出问题。下面重述一遍，以强调戏剧中的规则：

> 你打算上演《红男绿女》这出戏，但没有资金来搭布景。实际上你只有箱子可以用作布景材料。画出一幕戏场景的草图。解释你是如何基于具体的布景规则使用那些箱子的。

解决这个问题的工具是关于布景的某个或一系列规则而不是这部音乐剧的细节知识。

2. 关于心智程序的问题解决

心智技能对于问题解决可谓至关重要。例如，下面的任务要求学生运用心算和估算的心智技能：

> 你的任务是用长 4 英寸（约 10.2 厘米）、宽 2 英寸（约 5.1 厘米）

的木板建筑一面围墙，围墙的最大宽度为 1000 英尺（304.8 米）。你必须用心算来完成所有的计算和估算，不得使用计算器或用纸和笔进行计算。解释使用估算和心算的能力对你解决问题有什么影响。

请注意，这个问题的导语要求学生解释特定的心智技能——本例中是估算和心算——是如何影响问题解决过程的。

心智流程往往是解决问题必不可少的工具。例如，使用某种类型的电子表格软件可能是突破某个问题障碍的一个不可或缺的环节。同样，任务必须结构化，以使流程成为其中不可分割的部分：

你所获得的表格给出了公司的以下信息：每周的销售量，生产的新产品的单价，银行的现金储备，分门别类的管理费用。你的任务是设计一个策略，以在 6 个月内尽可能增加现金流。然而在这 6 个月内，这些变量中的任何一个都不能减少或增加超过 5%。必须使用我们一直在研究的电子表格程序 Excel。完成以后，解释为了寻找这一问题的解决方案，你是如何使用 Excel 的。

3. 关于心理动作程序的问题解决

心理动作技能和流程及相应的知识可用来解决与身体有关的问题。例如，学生可以利用他的技能来解决打网球中的问题：

你要和一个落地球技术，包括反手和正手击球技术都特别好的对手打比赛。如果你无法较多地使用正手击球，你的策略是什么？

以下的任务涉及运用篮球运动中的心理动作流程来解决问题：

你防范对手的技术在很大程度上依赖于快速的横向（从一侧到另一侧）移动。然而，你已经拉伤了肌肉以致难以快速地移动到你的右侧。为了有效防守一个与你速度相当但没你跳得高的对手，你可以怎么做？

试验

试验涉及对特定的生理现象或心理现象提出假设并检验假设。表 4.13 列出了三个知识领域中的试验任务。

表 4.13 试验的任务

信息		
	细节	学生依据要求，用细节的知识提出和检验一般的或有关细节的假设。
	事理	学生依据要求，用延拓或规则的知识提出和检验一般的或有关延拓或规则的假设。
心智程序		
	技能	学生依据要求，用心智技能或对心智技能的理解来提出和检验一般的或有关心智技能的假设。
	流程	学生依据要求，用心智流程或对心智流程的理解来提出和检验一般的或有关心智流程的假设。
心理动作程序		
	技能	学生依据要求，用心理动作技能或对心理动作技能的理解来提出和检验一般的或有关心理动作技能的假设。
	流程	学生依据要求，用心理动作流程或对心理动作流程的理解来提出和检验一般的或有关心理动作流程的假设。

1. 关于信息的试验

细节有时被当作提出和检验假设的基础。例如，关于城市交通系统的细节知识可被学生用来提出和检验有关这一系统的假设。下面的问题可引出这类思维活动：

> 我们一直在研究丹佛市的公共交通系统。利用有关事实，对这一系统的某些方面提出假设并进行检验。

试验与事理特别匹配，因为这样的知识结构有利于提出假设。例如，心理学专业的学生可以利用自己对规则的理解——人们对特定类型的信息将如何做出反应——提出有关某一类型的群体对特定类型广告做出何种反应的假

设,并进行检验。以下的任务可引出这样的思维活动:

> 我们一直在研究人类对某些类型的信息是如何做出反应的。选择其中一条规则,然后预测你的同学将如何对特定类型的广告做出反应。一定要解释你预测背后的逻辑。进行一项活动以检验你的预测,并且解释其结果是证实还是推翻了你原来的假设。

2. 关于心智程序的试验

心智技能和流程有时是提出和检验假设所必需的工具。例如,阅读元素周期表的心智技能可能成为某项试验任务不可分割的部分。

> 利用元素周期表,提出两个或两个以上的元素发生反应的假设。然后用活动检验假设。报告并解释你的发现。

在以下的任务中,访问万维网的心智流程将是试验的工具:

> 利用万维网作为你的信息来源,提出和检验有关特定类型的组织开发的网站类型的假设。

3. 关于心理动作程序的试验

在某些情况下,心理动作技能和流程可以被用作试验的工具。下面是一个试验任务,涉及学生对打高尔夫沙坑球的心理动作技能的理解。

> 生成并检验一个当高尔夫球停在平坦坚硬的沙子上时有关沙坑挖起杆使用的假设。

下面的试验任务涉及打网球时实施防御的心理动作流程:

> 提出和检验关于打网球时防御某个特定类型的对手的假设。

调查

调查涉及审查过去、现在或未来的情况。正如第 3 章所解释的，调查涉及提出和检验假设，因此可以被比作试验。然而，调查使用的论据不是通过直接观察收集到的，相反，论据是借由他人的陈述所表达的判断和意见。此外，调查证据采用的规则也与试验探究不同。表 4.14 列出了调查在三个知识领域中应用的方式。

表 4.14　调查的任务

信息		
	细节	学生依据要求，用具体的细节知识来调查过去、现在或将来的事件，或进行有关细节的调查。
	事理	学生依据要求，用延拓或规则的知识来调查过去、现在或将来的事件，或进行有关延拓或规则的调查。
心智程序		
	技能	学生依据要求，以心智技能或对心智技能的了解为工具，调查过去、现在或将来的事件，或进行有关心智技能的调查。
	流程	学生依据要求，以心智流程或对心智流程的了解为工具，调查过去、现在或将来的事件，或进行有关心智流程的调查。
心理动作程序		
	技能	学生依据要求，以心理动作技能或对心理动作技能的了解为工具，调查过去、现在或将来的事件，或进行有关心理动作技能的调查。
	流程	学生依据要求，以心理动作流程或对心理动作流程的了解为工具，调查过去、现在或将来的事件，或进行有关心理动作流程的调查。

1. 关于信息的调查

关于具体细节的知识通常是调查的动力。例如，对肯尼迪遇刺细节的了解可能会激发一个学生去找出事情的真相。下面的任务将激发这种形式的调查：

> 我们一直在研究 1963 年约翰·肯尼迪遇刺案。许多叙述相互矛盾。在关于这个事件相互冲突的各种说法中，找出一个说法并调查相关情况。

事理通常是调查的基础。例如，学生对极地冰盖和海洋深度之间关系的理解可以作为如下调查的基础：

> 我们一直在研究海洋的深度和极地冰盖之间的关系。基于你对这一规则知识的了解，调查如果地球的温度在未来30年中上升5℃的话，可能会发生什么。

2. 关于心智程序的调查

心智技能在调查中有时被直接用作工具。例如，阅读某类地图的技能对于某个调查来说可能是至关重要的。

> 研究提供了科罗拉多州1900年的等高线地形图。基于地图的信息，调查为什么丹佛会成为该州最大的城市。

像心智技能一样，心智流程有时也能用作调查的工具。例如，使用某种类型互联网数据库的流程可能成为如下调查所必需的工具：

> 我们一直在使用保存了5000多名大屠杀幸存者故事的互联网数据库。使用该数据库，调查有关"二战"期间奥斯威辛集中营的描述，哪些是准确的，哪些是不准确的。

3. 关于心理动作程序的调查

有关心理动作技能和流程的调查也可以进行，如下面任务所示：

> **心理动作技能**：调查是谁首先发明了篮球的跳投技术。
> **心理动作流程**：调查是谁首先发明了篮球运动中的全场紧逼战术。

层级5：元认知系统

正如前面章节所述，有四种元认知过程：（1）目标设定；（2）过程监控；

（3）清晰度监控；（4）准确度监控。

目标设定

目标设定是指制定特定类型知识的理解目标或技能目标并制订实现目标的计划。表4.15列出了三个知识领域中目标设定的任务。

表4.15 目标设定的任务

信息	
细节	学生依据要求，确立理解具体细节知识的目标并制订完成目标的计划。
事理	学生依据要求，确立理解具体延拓或规则的目标并制订完成目标的计划。
心智程序	
技能	学生依据要求，确立掌握特定心智技能的目标并制订完成目标的计划。
流程	学生依据要求，确立掌握特定心智流程的目标并制订完成目标的计划。
心理动作程序	
技能	学生依据要求，确立掌握特定心理动作技能的目标并制订完成目标的计划。
流程	学生依据要求，确立掌握特定心理动作流程的目标并制订完成目标的计划。

如表4.15所描述的，目标设定不仅涉及确定有关某一具体知识的目标，而且还包括规划如何实现这些目标。为了进行目标设定，学生不仅要阐明与特定知识相关的目标，还必须确定实现这一目标的计划细节。

如下问题可以导出这种类型的元认知过程：

细节：就你对1999年科索沃冲突的理解可以或可能设定什么目标？怎么做才能实现这一目标？

事理：就你对伯努利原理的理解可以或可能设定什么目标？如何实现这一目标？

心智技能：就你阅读等高线地形图的技能可以或可能设定什么目标？怎么做才能实现这一目标？

心智流程：就你使用WordPerfect的能力可以或可能设定什么目标？如何实现这一目标？

心理动作技能：就你反手击球的技能可以或可能设定什么目标？怎么做才能实现这一目标？

心理动作流程：就你打篮球时的防守可以或可能设定什么目标？如何实现这一目标？

正是通过学生对完成目标方式的回答，我们才可以洞察到学生应用元认知系统进行目标设定的水平。例如，如果学生回应"我必须更加努力地工作"以实现这一目标，这样的回答没有真实地反映目标设定的元认知过程。相反，学生应确定明确的目标、大致的时间表、必要的资源等。

过程监控

过程监控通常包括确定程序的实际运行效率——特别是在程序的目标已经确定的情况下。例如，在练习打篮球的防守时，如果学生设定了当天的表现性目标，然后持续地监控哪些动作是有效的，哪些是无效的，以及怎么做才能提高效率，那么，这个学生就是在做过程监控。对信息也可以使用过程监控。然而，对于这类知识，重点是监控关于信息的学习目标实现的程度。

1. 关于信息的过程监控

如表 4.16 所示，信息的过程监控涉及对理解具体细节和事理目标的实现程度进行监控。

表 4.16 过程监控的任务

信息	
细节	学生依据要求，对理解特定细节的目标的实现情况进行监控。
事理	学生依据要求，对理解特定事理的目标的实现情况进行监控。
心智程序	
技能	学生依据要求，对应用特定心智技能的目标的实现情况进行监控。
流程	学生依据要求，对实施特定心智流程的目标的实现情况进行监控。

续表

心理动作程序	
技能	学生依据要求，对应用特定心理动作技能的目标的实现情况进行监控。
流程	学生依据要求，对实施特定心理动作流程的目标的实现情况进行监控。

下列任务可以导出这类思维活动：

细节：我们一直在研究 2001 年纽约世界贸易中心被袭击的事件。挑选你想进一步了解的事件细节。在学习过程中随时跟踪你的理解，并找出那些你正在做的、可以增进你的理解的事情，以及那些你没有做但可能对你有帮助的事情。

事理：我们一直在研究供求原理。选出供求原理中你想进一步了解的方面。在学习过程中随时跟踪你的理解，并找出那些你正在做的、可以增进你的理解的事情，以及那些你没有做但可能对你有帮助的事情。

2. 关于心智程序和心理动作程序的过程监控

为了引发对心智程序和心理动作程序的监控，所设计的任务应能让学生在执行任务的过程中对技能和流程进行思考和监控。一般来说，必须精心设置情境，以便学生不仅可以执行程序，同时也有机会设定执行程序的短期目标。

可以引发这种过程监控的任务如下：

心智技能：以下是关于把分数转换为比例的 4 个问题。首先确立表现性目标。当你解决这些问题时，描述你转换的效率，特别注意那些为提高实现目标的效率而必须做的改变。

心智流程：你的任务是写一封短信，并把它保存到你的硬盘中，然后用信笺纸打印出来。用 WordPerfect 程序来完成所有工作。首先确立表现性目标。当你执行任务时，描述你使用 WordPerfect 的效率，特别注意那些为提高实现目标的效率而需要做的改变。

心理动作技能：展示拉伸腿部肌肉的恰当技术。首先确立表现性目标。当你执行任务时，确认和描述你运用这个技能的效率。

心理动作流程：在打篮球过程中，你被要求去防守你的对手。首先确立表现性目标。我们会间歇地叫暂停，并请你说明自己的防守效率，要特别注意那些为提高防守效率而可以做的事。

清晰度监控

正如其名称所示，清晰度监控是指探知个人对知识的特定方面清楚的程度。清晰度在这里是指没有模糊性或无歧义。从更积极的方面来说，对知识清晰了解的人能够辨认该知识的重要特征并赋予它们精确的含义。例如，清楚知道集中趋势（central tendency）概念的学生知道平均数、中位数和常模是对集中趋势的不同描述并能理解它们的含义。表 4.17 列出了在三个知识领域中的清晰度监控任务。

表 4.17　清晰度监控的任务

信息	
细节	学生依据要求，辨认细节中那些无法加以区别或没有把握的方面。
事理	学生依据要求，辨认延拓或规则中那些无法加以区别或没有把握的方面。
心智程序	
技能	学生依据要求，辨认心智技能中那些无法加以区别或没有把握的方面。
流程	学生依据要求，辨认心智流程中那些无法加以区别或没有把握的方面。
心理动作程序	
技能	学生依据要求，辨认心理动作技能中那些无法加以区别或没有把握的方面。
流程	学生依据要求，辨认心理动作流程中那些无法加以区别或没有把握的方面。

正如表 4.17 所示，对知识的三个领域做清晰度监控的元认知过程大体相同。下面的问题可以导出这种类型的元认知思维：

细节：确定你对 1999 年科索沃冲突中的哪些事情感到困惑。你觉得是什么导致了你的困惑？

事理：确定你对伯努利原理的哪些方面感到困惑。清楚说明感到困惑的领域：你不明白什么？

心智技能：确定你在阅读等高线地形图的技能方面有什么困惑之处。你觉得是什么导致了你的困惑？

心智流程：确定你在使用文字处理程序 WordPerfect 过程中感到困惑的地方。尽可能说清楚是什么导致了你的困惑。

心理动作技能：确定你对拉伸腿部肌肉的技巧有什么困惑之处。你觉得是什么导致了你的困惑？

心理动作流程：确定你对打篮球时的防守感到困惑的方面。困惑的原因是什么？要说得尽可能具体。

学生对自己不清楚的地方知道得越准确，他们执行清晰度监控的元认知水平就越高。例如，下面学生的回答反映了在使用 WordPerfect 的心智流程中某种水平的清晰度监控：

> 我不清楚如何使文件的内容居中。

不过，以下的回答反映了更高水平的元认知思维：

> 我不明白怎样才能在回车的时候让内容居中而不会失去原来设置的各种标记。

准确度监控

准确度监控是指确定一个人对特定知识理解的正确程度。准确度监控与清晰度监控不同，但又与其相关。学生可以清楚地知道知识的某些方面——没有模棱两可或分辨不清楚——但是，这种了解实际上却是不准确的。表 4.18 列出了准确度监控在三个知识领域中的任务。

第4章 新分类法与知识的三个领域

表 4.18 准确度监控的任务

信息	
细节	学生依据要求，确认对特定细节认识的正确程度并加以辩护。
事理	学生依据要求，确认对特定延拓或规则认识的正确程度并加以辩护。
心智程序	
技能	学生依据要求，确认对某个心智技能认识的正确程度并加以辩护。
流程	学生依据要求，确认对某个心智流程认识的正确程度并加以辩护。
心理动作程序	
技能	学生依据要求，确认对某个心理动作技能认识的正确程度并加以辩护。
流程	学生依据要求，确认对某个心理动作流程认识的正确程度并加以辩护。

如表 4.18 所示，准确度监控的一个重要方面是就准确性的判断进行辩护或验证。这意味着，学生不仅要对准确度做出判断，而且必须为这一判断提供证据：他们必须引用一些外部资源作为其准确性检验的证据。

以下问题可以导出这类元认知过程：

细节：关于 1999 年科索沃冲突，确定你认为是正确的方面，并解释你如何知道它是正确的。判断的依据是什么？

事理：关于伯努利原理，确定你认为是正确的方面。判断的依据是什么？

心智技能：关于阅读等高线地形图的技能，确定你认为是正确的方面。判断的依据是什么？

心智流程：关于使用 WordPerfect，确定你认为是正确的方面。判断的依据是什么？

心理动作技能：关于拉伸腿部肌肉，确定你认为是正确的方面。判断的依据是什么？

心理动作流程：关于打篮球时的防守，确定你认为是正确的方面。判断的依据是什么？

层级 6：自我系统

如同第 3 章所介绍的，自我系统涉及四个方面：（1）重要性检查；（2）效能感检查；（3）情绪反应检查；（4）动机检查。

重要性检查

自我系统中的重要性检查是指分析一个人对某项知识的重要程度的判断。正如第 3 章所说，如果一个人认为某项知识对他来说不重要，那么他可能就不会有强烈的学习动机。表 4.19 列出了自我系统中的重要性检查在三个知识领域中的任务。

表 4.19 重要性检查的任务

信息	
细节	学生依据要求，确定某个细节的重要性，并分析这一判断背后的依据。
事理	学生依据要求，确定某个延拓或规则的重要性，并分析这一判断背后的依据。
心智程序	
技能	学生依据要求，确定某个心智技能的重要性，并分析这一判断背后的依据。
流程	学生依据要求，确定某个心智流程的重要性，并分析这一判断背后的依据。
心理动作程序	
技能	学生依据要求，确定某个心理动作技能的重要性，并分析这一判断背后的依据。
流程	学生依据要求，确定某个心理动作流程的重要性，并分析这一判断背后的依据。

如表 4.19 所示，重要性检查的过程在整个知识领域内是基本相同的。下面所示的较为直接的问题可以导出这类自我系统的思维活动：

细节：具备关于 1963 年约翰·肯尼迪遇刺事件的知识对你来说有多重要？为什么这样认为？你的思维合乎逻辑吗？

事理：理解伯努利原理对你来说有多重要？为什么这样认为？你的想法站得住脚吗？

心智技能：能够阅读等高线地形图对你来说有多重要？为什么这样认为？你的思维合乎逻辑吗？

心智流程：会用 WordPerfect 对你来说有多重要？为什么这样认为？你的想法站得住脚吗？

心理动作技能：懂得有效地拉伸腿部肌肉对你来说有多重要？为什么这样认为？你的思维合乎逻辑吗？

心理动作流程：打篮球时能有效地进行防守对你来说有多重要？为什么这样认为？你的想法站得住脚吗？

从学生对上述问题的回答中，可以最大限度地洞察他们自我系统这方面的思维能力。为了有效地投入重要性的分析过程，学生不仅要能解释他们为什么认为某件事重要或不重要，还要会检查这些判断的合理性或逻辑性。

效能感检查

自我系统中的效能感检查所检查的是个人认为他对某类知识的理解或相关能力水平可以提升的程度。正如在第 3 章中所说的，如果个人不相信他能够改变与某类知识相关的能力的话，即使他认为这一知识是重要的，他可能也不会主动学习。表 4.20 列出了效能感检查在三个知识领域中的任务。

表 4.20　效能感检查的任务

信息	
细节	学生根据要求，确定自己对细节的理解可能加深的程度，并分析这些信念产生的原因。
事理	学生根据要求，确定自己对延拓或规则的理解可能加深的程度，并分析这些信念产生的原因。
心智程序	
技能	学生根据要求，确定自己的心智技能所能改进的程度，并分析这些信念产生的原因。

		续表
流程	学生根据要求，确定自己的心智流程所能改进的程度，并分析这些信念产生的原因。	
心理动作流程		
技能	学生根据要求，确定自己的心理动作技能所能改进的程度，并分析这些信念产生的原因。	
流程	学生根据要求，确定自己的心理动作流程所能改进的程度，并分析这些信念产生的原因。	

此外，效能感检查不仅能够发现隐藏在学生看法背后的信念，同时，学生能够对信念的有效性或逻辑性进行分析也反映了这种自我系统思维。

下面的问题可以导出三个知识领域中的这种思维活动：

细节：你认为自己对约翰·肯尼迪遇刺事件的理解能提高到什么程度？支撑这一看法的理由是什么？你的思考合乎逻辑吗？

事理：你认为自己对伯努利原理的理解能提高到什么程度？为什么这样认为？你的想法合理吗？

心智技能：你认为自己阅读等高线地形图的能力能提高到什么程度？支撑这一看法的理由是什么？你的思考合乎逻辑吗？

心智流程：你认为自己使用 WordPerfect 的能力能提高到什么程度？为什么这样认为？你的想法合理吗？

心理动作技能：你认为自己的反手击球技能可以提高到什么程度？支撑这一看法的理由是什么？你的思考合乎逻辑吗？

心理动作流程：你认为自己打篮球时的防守技能能提高到什么程度？为什么这样认为？你的想法合理吗？

情绪反应检查

情绪反应检查包括确定到底是什么样的情绪（如果有的话）与特定的知识有关，以及这些联系为什么会存在。正如第 3 章所述，消极情绪会削弱学生学习或改进的动机——即使学生认为该学习任务是重要的，而且他也具备所需的能力和资源。表 4.21 列出了三个知识领域中的情绪反应检查任务。

表 4.21　情绪反应检查的任务

信息	
细节	学生根据要求，识别与某个细节相关联的情绪，分析这些联系背后的原因。
事理	学生根据要求，识别与某个延拓或规则相关联的情绪，分析这些联系背后的原因。
心智程序	
技能	学生根据要求，识别与某个心智技能相关联的情绪，分析这些联系背后的原因。
流程	学生根据要求，识别与某个心智流程相关联的情绪，分析这些联系背后的原因。
心理动作流程	
技能	学生根据要求，识别与某个心理动作技能相关联的情绪，分析这些联系背后的原因。
流程	学生根据要求，识别与某个心理动作流程相关联的情绪，分析这些联系背后的原因。

如下问题可以导出学生自我系统的这类活动：

细节：你与科索沃冲突存在何种情绪上的关联（如果有的话）？潜藏于这种关联背后的思考是什么？这种思考合乎逻辑吗？

事理：你与伯努利原理存在何种情绪上的关联（如果有的话）？潜藏于这种关联背后的思考是什么？这种思考合理吗？

心智技能：你与阅读等高线地形图的技能存在何种情绪上的关联（如果有的话）？潜藏于这种关联背后的思考是什么？这种思考合乎逻辑吗？

心智流程：你与使用 WordPerfect 存在何种情绪上的关联（如果有的话）？潜藏于这种关联背后的思考是什么？这种思考合乎逻辑吗？

心理动作技能：你与反手击球技术存在何种情绪上的关联（如果有的话）？潜藏于这种关联背后的思考是什么？这种思考合理吗？

心理动作流程：你与篮球防守技术存在何种情绪上的关联（如果有的话）？潜藏于这种关联背后的思考是什么？这种思考合乎逻辑吗？

这种类型的自我系统思维的关键特征是辨认基于某种情绪联系的思维或经验模式以及这种思维模式的合理性，但没有特别的企图想要改变这些联系——只是去理解它们。这就是说，我们可以得出这样的论点，即对人的情绪联系的认识为控制这种联系提供了机会。

动机检查

最后一种类型的自我系统思维是对整体的动机进行检查，以提升人对特定类型知识的认识或能力。正如第 3 章所述，整体动机是自我系统思维其他三个方面，即有关重要性的观念、有关效能感的观念和情绪反应的综合。因此，动机检查可以被认为是一个结合了自我系统其他三个方面的"综合"过程。表 4.22 列出了三个知识领域中的动机检查任务。

表 4.22 动机检查的任务

信息	
细节	学生依据要求，确定自己在加深对细节的理解方面的动机水平，同时分析这种动机水平产生的原因。
事理	学生依据要求，确定自己在加深对延拓或规则的理解方面的动机水平，同时分析这种动机水平产生的原因。
心智程序	
技能	学生依据要求，确定自己在提高心智技能方面的动机水平，同时分析这种动机水平产生的原因。
流程	学生依据要求，确定自己在改进心智流程方面的动机水平，同时分析这种动机水平产生的原因。
心理动作流程	
技能	学生依据要求，确定自己在提高心理动作技能方面的动机水平，同时分析这种动机水平产生的原因。
流程	学生依据要求，确定自己在改进心理动作流程方面的动机水平，同时分析这种动机水平产生的原因。

如下问题可导出自我系统的这类思维活动：

细节：如何描述你在增进对科索沃冲突的理解方面的动机水平？具有如此水平的动机原因何在？你的思维合乎逻辑吗？

事理：如何描述你在提高对伯努利原理的理解方面的动机水平？具有如此水平的动机原因何在？这些原因站得住脚吗？

心智技能：如何描述你在提高阅读等高线地形图的能力方面的动机水平？隐藏在这种动机水平背后的原因是什么？你的思维合乎逻辑吗？

心智流程：如何描述你在改善使用 WordPerfect 技术方面的动机水平？具有如此水平的动机原因何在？这些原因站得住脚吗？

心理动作技能：如何描述你在提高自己的反手击球能力方面的动机水平？隐藏在这种动机水平背后的原因是什么？你的思维合乎逻辑吗？

心理动作流程：如何描述你在提高打篮球时的防守能力方面的动机水平？隐藏在这种动机水平背后的原因是什么？你的思维合乎逻辑吗？

在理想的情况下，当学生回答上述问题时，他们还会考虑到自我系统中可能影响动机的其他三个部分：他们对知识的重要性进行的评判、他们感知到的效能水平以及他们与知识相关的情绪。他们还会解释这三个因素中的哪一个因素支配了他们的动机。

小　　结

本章根据新分类法的六个思维层级与三个知识领域（信息、心智程序和心理动作程序）之间的关系，对前者进行了介绍，并对各种类型知识每个层级的思维目标做了阐述。此外，还介绍了一些问题和任务，这些问题和任务可以导出用以评价各项思维目标的行为。

第 5 章 新分类法作为教育目标、考评与国家标准设计和改进的框架

本章和下一章均介绍新分类法的用途。下一章介绍的主题是课程设计和思维技能,本章介绍新分类法在下列三个方面的应用:(1)作为设计教育目标的框架;(2)作为教育考评的框架;(3)作为改进国家标准的工具。

教 育 目 标

新分类法的一个主要用途是提供教育目标设计的框架。这是开发布卢姆分类法的根本动力。事实上,在布卢姆分类法公布的前几年,特拉弗斯在《如何编制成就测验》(*How to Make Achievement Tests*)一书中就指出,心智过程的分类法是有效设计教育目标的先决条件。

> 给教育目标下定义的根本困难在于心理学家还没有研发出可用于确定教育目标的人类行为的分类体系。一个全面的人类行为分类体系——其中每类行为的价值都被赋予对应的数值——将使教育者的任务大大简化。它还将给教师提供一种讨论教育目标的共同语言,确保大家用相同的术语指称同一个概念。(Travers,1950,p.10)

布卢姆分类法自公布之日起就被用于设计教育目标的框架。艾瑞森(Airasian,1994)对布卢姆分类法公布之前和之后的教育目标理论和实践进行了详细讨论。他解释说,布卢姆说他的分类法是献给泰勒(Tyler,1949a,1949b)的,这绝非偶然。这位研究者、评价专家和课程理论家的思想奠定了 20 世纪下半叶学校改革的基础。布卢姆在献词中写道:"献给拉尔

夫·泰勒，他关于评价的思想是不竭的源泉，激励着他那些从事考试研究的同事，他的活力和耐心从未让我们失望。"（Bloom et al.，1956）艾瑞森解释说，泰勒的"研究、写作和同侪间的互动为（分类学的）创造者们提供了用于开展工作的基本知识框架。泰勒的工作为目标分类学的发展提供了依据，促进了教育环境的改善"（Airasian，1994，p.82）。泰勒对布卢姆分类法的影响是多方面的，最值得一提的也许是他澄清了"目标"的概念并把目标和有效的成就测试设计联系了起来。

泰勒认为目标既要包含具体的知识，同时还要包含反映对这一知识的理解或与知识相关的技能的行为。在泰勒提出建议之前，目标被当作一般性的主题。例如，当前许多国家的标准文件中都含有"概率"这一主题，在泰勒变革之前，这会被认为是目标。为了设计考评工具以测量这些一般性主题（即目标）所包含的能力，测试者通常针对该主题内的信息或技能抽取样本进行命题。例如，针对概率这一主题，编制的题目可能涉及独立事件的概率、联合事件的概率、概率与统计假设检验的关系等。这些元素虽然相关，但肯定不能代表具有一致性的整体。一般情况下，针对一般性主题内的知识内容样本所设计的题目关注的是基本信息的回忆或再认。这种做法依据的是20世纪初的一些研究（Tilton，1926；Wood，1923）。这些研究的结果表明，对某个主题的基本信息的了解是标志学生对该主题内知识应用能力的重要指标。艾瑞森指出，"这些研究得出了这样的假设，即要求学生回忆事实的测试题对测量诸如用内容推理或以不同的方式应用知识内容等更加复杂的行为来说是有效的"（Airasian，1994，p.83）。泰勒的观点推翻了这种假设。艾瑞森解释说：

> 泰勒在俄亥俄州立大学所做的研究显示，原理记忆测试的成绩与推理应用测试的成绩之间的相关度相当低。基于这些研究，泰勒认为，对任何给定的内容主题，学生会表现出多种水平不同和类型截然不同的行为。这些行为的范围从死记硬背一直到相当复杂的心理操作。他进一步指出，如果教师希望学生发展死记硬背之外的行为，他们就需要将这些行为的测量与信息的测量分开来进行，因为不能依赖信息测试来有效地反映

学生的应用、分析或解释能力。(Airasian, 1994, p.83)

泰勒的洞察力和严密的逻辑让事情变得明朗，即教育者必须阐明目标（相对于一般主题），这些目标具体说明的内容以及与这些内容相关的行为应成为教学的重点。泰勒的三本书专门对这个问题进行了阐述（Tyler, 1949a, 1949b; Waples & Tyler, 1934）。

实际上，泰勒的工作为诸如布卢姆和他的同事所开发的分类法提供了理论依据和蓝图。艾瑞森（Airasian, 1994）和安德森等人（Anderson et al., 2001）很快就注意到，泰勒的目标概念具有特殊性质，与其他人的目标定义有所不同。他们都列举了戴维·克拉斯沃尔（D. Krathwohl，布卢姆分类法的合作开发者之一）和戴维·佩恩（D. Payne）的工作，他们确定了三种水平或类型的目标：总体目标、教学目标和教育目标。总体目标是最笼统的。它们是广阔的、复杂的领域，而且通常被称为"目的"（goal）。例如，"学生能够运用概率的基本性质"可被视为一个总体目标或目的。

在这三类目标中，教学目标是最具体的。马杰在他的《准备教学目标》一书中解释说，编写好的教学目标应包括三个要素：

- 表现（performance）：目标总是说明期待学习者能做到什么，有时描述学习者得到的产品或结果。
- 条件（conditions）：目标总是描述重要条件（如果有的话），在这些条件下学生将产生预期的表现。
- 标准（criterion）：无论如何，目标就是通过说明学习者须表现得多好才可以被接受，来描述可以接受的表现性标准。

教育目标在三类目标中居于中间位置（Anderson et al., 2001）。它们阐明知识的具体领域，但不像教学目标那样确认表现的条件和标准。然而，它们确实描述了对知识所进行的心理操作。

布卢姆分类法、安德森等人的分类法，以及新分类法的重点都在教育目标上。安德森等人解释说，"我们的框架是一个工具，有助于教育者弄清楚并交流通过教学最终想让学生学到什么。我们把这些意图称为'目标'"（Anderson et al.，2001，p.23）。在新分类法中，我们采取同样的立场。在目标的陈述方面，我们也采取了与安德森等人类似的做法。具体来说，在进行目标的陈述时我们使用"学生能够……"作为主干，再加上一个动词短语和它的宾语。动词短语陈述该目标涉及的心智过程（例如，信息提取、理解、分析、知识应用、元认知系统、自我系统），宾语陈述心智过程所聚焦的知识类型（例如，信息、心智程序、心理动作程序）。例如，以下的描述被认定为教育目标："学生能够识别减数分裂和有丝分裂的异同。"该目标指向的是信息类型的知识"减数分裂和有丝分裂"在层级3（分析之识别）上的心智过程。表5.1对新分类法中各个水平的目标进行了一般性的描述。

表5.1　新分类法中各个水平的教育目标的一般形式

新分类法的层级	操作	目标的一般形式
层级6：自我系统	重要性检查	学生能够明了信息、心智程序或心理动作程序的重要程度及其原因。
	效能感检查	学生能够明了自己提高信息、心智程序或心理动作程序方面能力及理解水平的信念及其原因。
	情绪反应检查	学生能够明了自己对信息、心智程序或心理动作程序的情绪反应及其原因。
	动机检查	学生能够明了自己提高信息、心智程序或心理动作程序方面能力及理解水平的总体动机及其原因。
层级5：元认知系统	目标设定	学生能够制定信息、心智程序或心理动作程序方面的目标以及实现这一目标的计划。
	过程监控	学生能够对实现信息、心智程序或心理动作程序方面目标的进程实施监控。
	清晰度监控	学生能够明了自己对信息、心智程序或心理动作程序理解的清晰程度。
	准确度监控	学生能够明了自己对信息、心智程序或心理动作程序理解的准确程度。

续表

新分类法的层级	操作	目标的一般形式
层级4：知识应用	决策	学生能够利用信息、心智程序或心理动作程序进行决策，或做出关于信息、心智程序或心理动作程序的决策。
	问题解决	学生能够利用信息、心智程序或心理动作程序来解决问题，或解决关于信息、心智程序或心理动作程序的问题。
	试验	学生能够利用信息、心智程序或心理动作程序来提出和检验假设，或提出和检验关于信息、心智程序或心理动作程序的假设。
	调查	学生能够利用信息、心智程序或心理动作程序来进行调查，或对信息、心智程序或心理动作程序进行调查。
层级3：分析	识别	学生能够识别不同信息、心智程序或心理动作程序的重要异同点。
	分类	学生能够发现信息、心智程序或心理动作程序的上位和下位类别。
	差错分析	学生能够发现在表述或使用信息、心智程序或心理动作程序中的差错。
	拓展	学生能够基于已掌握的信息、心智程序或心理动作程序建构新的延拓或规则。
	导出	学生能够发现信息、心智程序或心理动作程序合乎逻辑的结果。
层级2：理解	整合	学生能够辨别信息、心智程序或心理动作程序的基本结构，区分其中关键和非关键的特征。
	符号化	学生能够借助准确的符号表征来区分信息、心智程序或心理动作程序中的关键和非关键因素。
层级1：信息提取	再认	学生能够确认有关信息特点的正确说法（但不一定能够理解知识的结构或区分关键与非关键因素）。
	回忆	学生能够列出信息的特点（但不一定能够理解知识的结构或区分关键与非关键因素）。
	执行	学生能够执行一个程序且没有重大差错（但不一定明白该程序是如何运作的和为什么要这样运作）。

运用表5.1展示的一般原则设计教育目标是一个相当简单的过程。第一步是确定目标所指向的知识类型。例如，假设一位教师正在就数学课中的集中趋势这一主题进行单元教学设计。这位教师会先确定所涉及的知识类型。

以所在的州或学区的标准为指导,该教师可以确定这一单元的重点是中位数。就数据分布的中位数这一主题,这位教师可能提出以下目标。

层级 1:信息提取

再认:学生能够确认关于中位数的正确说法。

回忆:学生能够列出关于中位数的正确说法。

执行:学生能够计算出一组数据的中位数。

层级 2:理解

整合:学生能够描述中位数的定义性特征。

符号化:学生能够用一些图形或抽象的方式表征中位数的重要特征。

层级 3:分析

识别:学生能够辨别中位数、平均数以及众数的异同。

层级 4:知识应用

问题解决:学生能够解决涉及中位数理解和计算的问题。

这些目标位于新分类法的层级 1 到层级 4,而且重点在层级 1 和层级 2。如果目标设定在层级 2 到层级 6 的话,教学设计就会截然不同。当然,不要层级 1 的目标意味着教师假设所有学生都能再认、回忆和执行关于中位数的基本知识。

新分类法的非限定性

前面的讨论引出了关于新分类法的一个有趣的问题:它不打算规定学校或地区应采用的目标,而只是清楚地说明任课教师、学校或地区可能制订的目标范围。一些人完全可能认为,元认知系统和自我系统中的许多或所有元素超越了教室、学校或地区教育者的视野或责任。事实上,我们可以很合理地假设有一些教师、学校或地区不希望涉及这两个系统的目标。例如,赫希(Hirsch,1996)——广受欢迎的所谓"核心知识"(core knowledge)课程的倡导者——对教学目标牵涉元认知系统和自我系统提出了严厉的批评。为什么这样的目标存在问题？赫希给出了四点原因：

- （它们）可能会干扰适应性问题解决策略的有序发展。
- （它们）取代了基于学科内容的教学，可能付出极高的成本。
- （它们）可能使工作记忆负担过重，损害而不是帮助学习。
- 所有这些潜在的缺点都可能对学得慢或处于不利地位的学生产生最不利的影响。（Hirsch，1996，p.139）

尽管存在这些反对意见，我们仍有充分的理由将元认知系统和自我系统的学习目标纳入特定类型的知识目标序列之中。

首先，赫希（Hirsch，1996）没有认识到大量的研究所揭示的元认知系统和自我系统思维对于学习过程的重要性。王、哈尔特和沃尔伯格（Wang, Haertel, & Walberg, 1993）通过对围绕30个教学变量所做的大约22000项研究的分析发现，聚焦元认知系统和自我系统的教学策略对学生成绩的影响处于第二位（课堂管理策略对学生成绩的影响最大）。

马扎诺（Marzano，1998）通过元分析进一步证实了自我系统和元认知系统的重要性。这项研究分析了大约2500个教学策略的影响幅度数据，检验它们应归入新分类法中的哪个层级。例如，如果某项教学策略旨在解决学生的信念和态度问题，就被编码为应用自我系统；如果某种教学策略旨在树立教学目标，就被编码为应用元认知系统；如果教学策略旨在进行信息的分析，就被编码为应用认知系统。元分析的结果如表5.2所示。

表 5.2 教学策略的元分析：三种思维系统对知识获取的影响

系统	影响幅度	项目数量（个）	增益（%）
自我系统	0.74	147	27
元认知系统	0.72	556	26
认知系统	0.55	1772	21

首先，如表5.2所示，应用认知系统的教学策略平均影响幅度是0.55，表明这些教学手法对学生的知识理解和应用平均可带来21%的增益。应用元认

知系统的教学策略平均影响幅度是0.72，表明相应有26%的增益。应用自我系统的教学策略平均影响幅度是0.74，表明其有27%的增益。这是三个系统中最大的。这项研究至少表明，自我系统对学习的影响比元认知系统大，元认知系统对学习的影响又比认知系统大。

其次，尽管这些系统在学习过程中很重要，但它们似乎被系统性地排除出了教育实践。自我系统的目标尤其如此。加西亚和她的同事们（Garcia & Pintrich，1991，1993；Pintrich & Garcia，1992）注意到，自我系统在学习过程中的重要性虽然得到了心理学家的承认，但几乎被教育者从教学中排除了出去。

再次，加强元认知系统和自我系统思维是发展自我调节能力的核心，心理学家们断言这应该是教育的根本目标。正如班杜拉所指出的：

> 教育的根本目标之一是使学生具备自我调节能力以实现自我教育。自我调节不仅有助于正式教学的成功，也有助于促进终身学习。（Bandura，1997，p.174）

最后，越来越多的证据表明，广大公众支持将元认知系统和自我系统目标纳入教育目标。例如，一项旨在征求公众意见的调查，列出了250个教育目标，要求公众选择哪些是学生在高中毕业之前要掌握的最重要的目标。结果显示，排在前1/3的那些目标中，有相当大的部分与自我系统和元认知系统有关，如排在第六位的目标是能理解和保持情绪健康（Marzano，Kendall，& Cicchinelli，1998；Marzano，Kendall，& Gaddy，1999）。

是否将元认知系统目标和自我系统目标纳入教育目标，是教师、学校和地区必须做的决定。当然，并非每个教学单元所有的内容都要涉及新分类法的所有层级。事实上，安德森等人关注的只是学习的认知方面："我们所关注的目标并不包括一切可能的和重要的学习结果，这部分是因为我们只聚焦认知结果。"（Anderson et al.，2001，p.23）

另外，如果教师希望学生对给定的知识有尽可能深入的理解，或者希望培养学生的自我管理能力，那就应该明确设定元认知系统和自我系统的目标。

作为考评设计的工具

艾瑞森（Airasian，1994）解释说，布卢姆分类法是教学、课程和考评的有用工具。然而，从20世纪50年代后期开始，人们越来越强调把教育目标用作设计考评的工具。因此，毫不奇怪，布卢姆分类法的第一次大规模使用就是作为考评设计的模板。当然，新分类法也可以用来设计考评。当用于这一目的时，划分出如表5.3所示的层级是有用的。表5.3列出了每个层级的一般问题和探究性问题。

表5.3 新分类法各个层级的一般问题和探究性问题

新分类法的层级	操作	考评设计中的一般问题和探究性问题
层级6：自我系统	重要性检查	信息、心智程序或心理动作程序对你有多重要？有什么根据？你推理的过程合乎逻辑吗？
	效能感检查	你学习信息、心智程序以及心理动作程序的能力如何？有什么根据？你推理的过程合乎逻辑吗？
	情绪反应检查	你对信息、心智程序或心理动作程序有什么情绪反应？你根据什么做出反应？你推理的过程合乎逻辑吗？
	动机检查	你学习信息、心智程序或心理动作程序的总体动机水平有多高？有什么根据？你推理的过程合乎逻辑吗？
层级5：元认知系统	目标设定	你学习信息、心智程序或心理动作程序的目标是什么？你完成目标的计划是什么？
	过程监控	依据学习信息、心智程序或心理动作程序的计划，你哪些方面做得好，哪些方面做得不好？
	清晰度监控	关于信息、心智程序或心理动作程序，你明白了什么？哪些不明白？
	准确度监控	关于信息、心智程序或心理动作程序，你准确了解了什么？哪些了解得不准确？

续表

新分类法的层级	操作	考评设计中的一般问题和探究性问题
层级4：知识应用	决策	信息、心智程序或心理动作程序是怎样用于协助做出决定的？能够针对信息、心智程序或心理动作程序做出什么决定？
	问题解决	如何应用信息、心智程序或心理动作程序来解决问题？能解决关于信息、心智程序或心理动作程序的什么问题？
	试验	如何应用信息、心智程序或心理动作程序来生成和检验假设？能生成和检验关于信息、心智程序或心理动作程序的什么假设？
	调查	如何用信息、心智程序或心理动作程序来做调查？能做关于信息、心智程序或心理动作程序的什么调查？
层级3：分析	识别	不同的信息、心智程序或心理动作程序有什么相似和不同之处？
	分类	对于特定的信息、心智程序或心理动作程序来说，它属于什么大类别？又有什么子类别？
	差错分析	在阐述和应用信息、心智程序或心理动作程序的过程中可能会有什么差错？
	拓展	从某项信息、心智程序或心理动作程序中可以推断出什么命题？
	导出	对某项信息、心智程序或心理动作程序能做出什么样的预测？如何证明？
层级2：理解	整合	信息、心智程序或心理动作程序的基本结构是什么？关键与非关键要素是什么？
	符号化	如何用符号或图形来表征信息、心智程序或心理动作程序的基本结构？
层级1：信息提取	再认	以下关于某个信息、心智程序或心理动作程序的陈述，哪个是准确的？
	回忆	某个信息、心智程序或心理动作程序的细节是什么？
	执行	履行心智程序或心理动作程序。

如果要设计考评，那就需要考虑考评的形式。近年来，被视为有效的考评资料的类型大为扩展。例如，以下各种类型的资料目前正被用于K-12的考评：

- 限制性试题。
- 示意图、图形组织者、曲表和图形。
- 论文和口头报告。
- 表现性任务。
- 教师观察。

应该指出的是，这里是以特殊的方式使用考评这一术语的。事实上，在讨论如何使用新分类法作为考评设计工具之前，给一些常用术语下定义是非常有用的。

- 考评（assessment）：收集有关学生成绩或行为的信息。
- 评价（evaluation）：对学生的理解或表现水平做出判断。
- 测量（measurement）：基于一系列明确的规则给出分数。
- 成绩（scores）：通过测量过程得到的考评数字或字母。通常把分数（mark）与得分（score）这两个术语看作同义词。
- 等级（grades）：在设定的时间段的末尾，作为对学生评价的总结性陈述所报告的数字或字母。

如同这里定义的，考评收集用于对学生做出判断（即评价）的资料，其中判断涉及确定学生在某个标尺上的位置（即测量）。考虑到这一点，可以说，不同类型的考评适合于新分类法中不同思维层级、不同领域的知识。

本节结合以下所列出的五种考评类型来讨论这个问题。同时请注意，本节的讨论只涉及这些考评最直接的用途。也许任何类型的考评都可用于新分类法中任何思维层级、任何领域的知识，但下面的讨论将指出针对某种思维层级和领域知识的最佳考评类型。

限制性试题

测量专家史蒂金斯（Rick Stiggins）以下列方式定义限制性试题：

第5章 新分类法作为教育目标、考评与国家标准设计和改进的框架

这是经典的进行客观评分的纸笔测试。给答题者一组问题，每一个问题后面都有一组备选答案。答题者的任务是从备选选项中选出正确的或最佳的答案。反映成绩的指标是回答对了的题目数量或比例。(Stiggins，1994，p. 84)

史蒂金斯（Stiggins，1994）列出了四类限制性试题：（1）多项选择题；（2）是非判断题；（3）配对题；（4）简答、填空题。史蒂金斯解释说，简答和填空题归在这一类的原因在于它们只允许单一的答案，这些答案只考虑对或错两种情况。教师普遍使用限制性试题（连同论文）来设计测验、家庭作业、期中考试和期末考试。这些题型在课堂考评中发挥了重要作用。

限制性试题在新分类法中的三个知识领域、六个思维层级上的用途如表5.4所示。

表 5.4 限制性试题

思维层级	信息	心智程序	心理动作程序
层级6：自我系统			
重要性检查			
效能感检查			
情绪反应检查			
动机检查			
层级5：元认知系统			
目标设定			
过程监控			
清晰度监控			
准确度监控			
层级4：知识应用			
决策			
问题解决			
试验			
调查			

续表

思维层级	信息	心智程序	心理动作程序
层级 3：分析			
识别			
分类			
差错分析			
拓展			
导出			
层级 2：理解			
整合			
符号化			
层级 1：信息提取			
再认	✓	✓	✓
回忆			
执行			

如表 5.4 所示，限制性试题最适合于三种类型知识的再认。如下面的题目所示：

（1）信息：钠离子不同于钠原子是因为（　　）

    a. 它是钠的同位素

    b. 它比钠原子更活泼

    c. 它的核带有一个正电荷

    d. 它只存在于溶液中

    e. 它的电子数更少

（2）心智程序：下列哪项描述了用 WordPerfect 保存新文件的正确方法？（　　）

    a. 使用鼠标点击"文件"命令，然后点击"保存"命令

    b. 当你退出时，该程序会自动保存文件

    c. 在文件末尾打上"保存"一词

    d. 用鼠标点击"文件"命令之后，点击"另存为"命令

(3) 心理动作程序：下列哪项最好地描述了棒球运动中投曲线球时正确的握球方法？（   ）

    a. 食指和中指分开，放在球光滑的部分

    b. 食指和中指并拢，放在球的接缝线上

    c. 食指和中指并拢，放在球光滑的部分

    d. 食指和中指分开，放在球的接缝线上

各种图形和图表

各种图形和图表都强调知识的符号化表征。这类考评在新分类法中的三个知识领域六个思维层级上的用途如表 5.5 所示。

表 5.5　各种图形和图表

思维层级	信息	心智程序	心理动作程序
层级 6：自我系统			
重要性检查			
效能感检查			
情绪反应检查			
动机检查			
层级 5：元认知系统			
目标设定			
过程监控			
清晰度监控			
准确度监控			
层级 4：知识应用			
决策			
问题解决			
试验			
调查			

续表

思维层级	信息	心智程序	心理动作程序
层级3：分析			
识别	✓	✓	✓
分类	✓	✓	✓
差错分析			
拓展			
导出			
层级2：理解			
整合			
符号化	✓	✓	✓
层级1：信息提取			
再认			
回忆			
执行			

考虑到示意图、图形表征及其他类似的题目都强调对知识进行非语言的而不是语言的描述，根据定义，它们是确定学生能否准确地对知识进行表征的恰当工具。正如表5.5所示，某些形式的图形表征对考评学生分析水平上的识别和分类的能力是很有用的，因为这两者都涉及某些类型的图形组织者。表5.6a和表5.6b所列举的是识别和分类图形组织者的例子。

表5.6a 识别图形组织者

特征	比较的项目			相似点与不同点
	1	2	3	
1				相似点
				不同点
2				相似点
				不同点
3				相似点
				不同点

续表

特征	比较的项目			相似点与不同点
	1	2	3	
4				相似点
				不同点

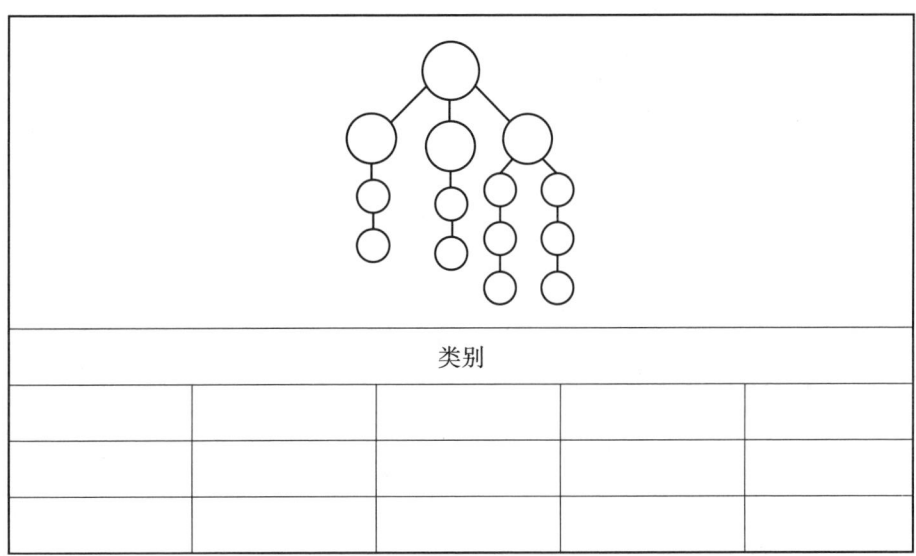

表 5.6b 分类图形组织者

类别

论文和口头报告

论文很可能是公共教育中最早使用的考评形式。论文要求学生做出回答，因此对引出解释非常有用。为了确保论文所考评的不只是对信息的回忆，评价、标准和学生测试研究中心（Center for Research on Evaluation, Standards, and Student Testing, CRESST）建议给学生提供他们可以利用和做出反应的信息。例如，CRESST 给学生提供了表 5.7 中的信息作为历史论文题的一部分。

表 5.7　论文题的背景

人物	林肯和道格拉斯辩论摘录
道格拉斯 （Stephen A. Douglas）	在大会一致提名林肯先生之前，林肯先生在斯普林菲尔德发表的讲话中说： 　　"不和之家难长存。" 　　"我相信政府不会长久容忍一半人是奴隶，另一半人自由。" 　　"我不希望联邦解散，我不希望房子倒塌，但我确实希望结束分裂。" 　　"事情要么是这样，要么是另外一个样。" 　　这就是他为这次竞选定下的基本原则。嗯，当你对它仔细检查并了解其后果之后，我认为你是一个字都不会相信的。尽管我国自 1789 年直到今天都分为自由州和蓄奴州，然而，我们被告知，这种状况今后不可持续，直至所有州都成为自由州或蓄奴州。出于这个原因，他说……
林肯 （Abraham Lincoln）	道格拉斯法官提到我最近在斯普林菲尔德演讲中的两点内容。他说这些将成为这次竞选中的议题。他提及的我在斯普林菲尔德演讲的第一点内容，我相信我能正确地回忆。在那里，我说过："自我们充满信心地把彻底结束奴隶制引发的骚动，作为公开目标的政策制定以来，已经进入第五个年头。从这一政策实行的情况看，骚动不仅没有终止，反倒愈演愈烈。""我相信它不会停止，除非它出现和经历危机。'不和之家难长存。'我相信政府不会长久容忍一半人是奴隶，另一半人自由。" 　　"我不希望联邦解散，"——我引述我的发言——"我不希望房子倒塌，但我确实希望结束分裂。事情要么是这样，要么是另外一个样。要么是奴隶制的反对者阻止它的蔓延，在公众心目中树立这样的信念，即它正处于灭亡的过程中；要么是它的支持者推动其向前发展，直至它在整个美国——北方和南方——都同样成为合法的……"

把这个信息作为所有学生都可以获取的背景材料，就可以出下面的论文题：

　　想象一下，这是 1858 年，你是一个居住在伊利诺伊州的受过教育的公民。你对政治有兴趣，而且始终保持消息畅通，你专程来听林肯和道格拉斯竞选伊利诺伊州参议员席位的辩论。辩论结束后你回到家，在那里你的表兄问了你国家当时所面临的几个问题。

　　写一篇论文，在文中你要说明你表兄应该了解的最重要的观点和问题（Baker, Aschbacher, Niemi, & Sato, 1992, p.23）。

口头报告可以被当作以口语方式呈现的论文。能够引出好的论文的任务的特点，同样适用于旨在引出口头报告的任务。

论文和口头报告能被用来考评新分类法中六个思维层级不同领域的知识，如表5.8所示。

表5.8 论文和口头报告

思维层级	信息	心智程序	心理动作程序
层级6：自我系统			
重要性检查	✓	✓	✓
效能感检查	✓	✓	✓
情绪反应检查	✓	✓	✓
动机检查	✓	✓	✓
层级5：元认知系统			
目标设定	✓	✓	✓
过程监控	✓	✓	✓
清晰度监控	✓	✓	✓
准确度监控	✓	✓	✓
层级4：知识应用			
决策	✓	✓	✓
问题解决	✓	✓	✓
试验	✓	✓	✓
调查	✓	✓	✓
层级3：分析			
识别	✓	✓	✓
分类	✓	✓	✓
差错分析	✓	✓	✓
拓展	✓	✓	✓
导出	✓	✓	✓
层级2：理解			
整合	✓	✓	✓
符号化			

续表

思维层级	信息	心智程序	心理动作程序
层级1：信息提取			
再认			
回忆			
执行			

论文能有效地为新分类法中几乎所有思维层级所有领域的知识提供考评资料，因为论文和口头报告是为表5.8中的每个要素提供解释和阐述所需要证据的理想工具。例如，如果要求学生展示自我系统中重要性检查的能力，就应要求他们做解释。回想一下第4章讨论的可以引起打篮球时进行防守的心理动作程序的问题：

你认为打篮球时防守有多重要？为什么你相信这一点，原因是什么？

为了回答这个问题，学生不仅要提供解释，而且必须使自己的解释保持前后一致。这两个方面通过书面或口头报告都可以很好地得到了解。

新分类法中只有信息提取过程中的再认、回忆和执行，以及理解过程中的符号化没有用到论文和口头报告。根据定义，这些过程不需要解释。

表现性任务

将表现性任务作为考评工具已经变得非常流行。它最为关键的一个特征是要求学生运用他们的知识并建构自己的答案（Meyer，1992）。例如，如下是国家教育进步评估（National Assessment of Education Progress）中使用的表现性任务（Education Testing Service，1987）。

（1）要求学生描述分别在7种不同类型的建筑材料上滴一滴水时所发生的情况。接下来给学生一个封了口的塑料袋，里面有未知的材料，要求学生预测当一滴水滴在其表面时会发生什么情况，以便对它进行检验而不是检测。

（2）发给学生三种不同材料的样品和一个敞开的盒子。样品的大小、形状和重量不同。要求学生判断当盒子里装满了材料 A、B 和 C 时，哪种情况下盒子会是最轻（或最重）的。

研究人员纽曼、塞卡多和韦拉吉（Newmann, Secado, & Wehlage, 1995）提供了在几何和社会研究中的表现性任务的例子（如表 5.9 所示）。

表 5.9 表现性任务示例

几何任务	设计可以容纳 576 罐（每罐净重 10.75 盎司，约 304.8 克）坎贝尔（Campbell）牌番茄汤罐头的包装，或可以容纳 144 盒（每盒净重 19 盎司，约 538.7 克）凯洛格（Kellogg）牌米饼的包装。说明每个包装的实际大小，以适当比例画出正视、俯视和侧视图。在比例图中，画出打开的和封闭的包装盒，按比例建立一个三维模型。
社会研究任务	给生活在洛杉矶中南部的学生写一封信，表达你对在罗德尼·金（Rodney King）案件中警察被无罪释放之后该地区所发生的事情的感受。讨论我们在打击社会不公正现象时自然冲动和非暴力原则之间的矛盾。

表现性任务能被用来考评新分类法中三个知识领域六个思维层级的情况（如表 5.10 所示）。

表 5.10 表现性任务

思维层级	信息	心智程序	心理动作程序
层级 6：自我系统			
重要性检查	✓	✓	✓
效能感检查	✓	✓	✓
情绪反应检查	✓	✓	✓
动机检查	✓	✓	✓
层级 5：元认知系统			
目标设定	✓	✓	✓
过程监控	✓	✓	✓
清晰度监控	✓	✓	✓
准确度监控	✓	✓	✓

续表

思维层级	信息	心智程序	心理动作程序
层级 4：知识应用			
决策	✓	✓	✓
问题解决	✓	✓	✓
试验	✓	✓	✓
调查	✓	✓	✓
层级 3：分析			
识别	✓	✓	✓
分类	✓	✓	✓
差错分析	✓	✓	✓
拓展	✓	✓	✓
导出	✓	✓	✓
层级 2：理解			
整合	✓	✓	✓
符号化	✓	✓	✓
层级 1：信息提取			
再认			
回忆			
执行		✓	✓

　　如表 5.10 所示，除了再认和回忆之外，表现性任务对新分类法中各思维层级、各领域知识都有效。其中一个原因是表现性任务通常包括论文或口头报告。因此，表现性任务可用于使用论文和口头报告进行考评的新分类法中的任何领域的知识和任何思维层级。此外，表现性任务可以用来反映技能和流程的执行情况，而论文和口头报告则做不到。例如，在表现性任务中，学生也许能证明他们执行特定的心理动作程序的能力，而这在论文或口头报告中将难以做到。

教师观察

收集考评资料的一个最直接的方式就是对学生进行非正式观察。研究员克莱因塞解释说，教师的观察包括"教师与学生的非正式谈话以及教师对学生的全天候观察"（Kleinsasser, 1991, p.9）。阅读专家古德曼（Goodman, 1978; Wilde, 1996）把这视作"监视小孩"（kid watching）。研究员卡菲（Calfee, 1994; Calfee & Hiebert, 1991）证实，教师观察要有效，其条件是教师对其观察的学科领域有渊博的知识。

简单地说，教师观察包含留意学生在日常学习生活中对具体知识的理解和运用状况。这可能是最不引人注目的考评资料收集方式，因为教师没有设计和安排作业或测试。以下是史蒂金斯提供的教师观察学生社会交往技能的例子：

> 小学教师会关注学生与同学的互动并就学生社会交往技能的发展水平做出推断。如果发展水平界定清楚，观察者可以很容易地理解，那么教师只要仔细观察就可以从中获得信息，这将有助于规划进一步促进学生社会性发展的策略。这不是按答案的对错做出的考评，而是类似论文测试：我们依靠教师的判断，把学生的表现摆在一个从低到高排列的成就水平的某个位置上。（Stiggins, 1994, p.160）

表 5.11 描述了教师观察在新分类法三个知识领域不同思维层级上的应用。

教师观察最适合于短时间内容易观察到的思维过程。如表 5.11 所示，教师观察可以在信息提取（回忆和执行，但可能不包括再认）和理解过程中得到运用，因为这些方面的证据很容易被发现。例如，在巡视课堂的过程中，教师大概可以观察到某学生能准确地阅读条形图或记忆具体事实。然而，要顺带观察到学生通过信息分类或试验所获得的结论却不是那么容易。

表 5.11 教师观察

思维层级	信息	心智程序	心理动作程序
层级 6：自我系统			
重要性检查			
效能感检查			
情绪反应检查			
动机检查			
层级 5：元认知系统			
目标设定			
过程监控			
清晰度监控			
准确度监控			
层级 4：知识应用			
决策			
问题解决			
试验			
调查			
层级 3：分析			
识别			
分类			
差错分析			
拓展			
导出			
层级 2：理解			
整合	✓	✓	✓
符号化	✓	✓	✓
层级 1：信息提取			
再认			
回忆	✓	✓	✓
执行		✓	✓

第5章　新分类法作为教育目标、考评与国家标准设计和改进的框架

提升国家标准实用性的架构

K-12教育中的标准化运动可以被看作是这样一种努力：确定所有学生在不同时刻所应该知道的和能够做到的，并把学科重要内容组织成支持学生学习的螺旋式课程。虽然全面讨论标准化运动超出了本书的范围（Marzano & Kendall，1996a，1996b），但是简要地说明它的性质和功能是有必要的。

许多教育工作者把著名的报告《国家处于危急中》的发表视为引发标准化运动的事件。研究者谢泼德（Shepard，1993）指出，自从该报告发表以来，教育的话语发生了剧烈的变化。改革支持者开始将国家的金融安全和经济竞争力与我们的教育系统紧密地联系起来。谁能很快忘记《国家处于危急中》中令人胆战心惊的话呢？"我们社会的教育基础目前正在被一股日益高涨的平庸潮流所破坏，这威胁到我们国家和民族的未来。……事实上，我们一直在进行着未经思考的、片面的弱化教育行动。"（National Commission on Excellence in Education，1983，p.5）

对美国青年的教育准备日益增长的担忧促使老布什总统和各州州长于1989年9月在弗吉尼亚州的夏洛茨维尔（Charlottesville）召开教育高峰会议。谢泼德（Shepard，1993）解释说，在这次峰会上，老布什总统和州长们，包括时任州长的比尔·克林顿，就2000年要达到的6个广泛的教育目标达成了共识。这些目标及相应的理论依据发表在《国家教育目标报告：建立一个学习者的国家》(The National Education Goals Report：Building a Nation of Learners)（National Education Goals Panel，1991）中。其中有2个目标（目标3和目标4）具体涉及学业成就：

> 目标3：到2000年，美国学生在四年级、八年级和十二年级结束时，将在富有挑战性的学科内容上——包括英语、数学、科学、历史、地理——表现出相应的能力；美国的每一所学校都将确保所有学生学会很好地用自己的头脑进行思考，以便为成为有责任感的公民、进一步学习以及在现代经济中就业做好准备。

目标4：到2000年，美国学生的科学和数学成绩将名列世界第一。

作为实现这些目标的工具，关涉所有主要学科领域，指明学生应该知道什么和做到什么的标准也起草了。表5.12列举了国家重要学科组织所制定的标准文件清单。

表 5.12　国家标准文件

学　科	学科组织及标准
科　学	美国国家研究委员会：《国家科学教育标准》
外　语	美国外语教育国家标准项目组：《21世纪外语学习标准》
英语语言艺术	美国全国英语教师理事会和国际阅读协会：《英语语言艺术标准》
历　史	美国学校历史课程国家中心：《K-4国家历史课程标准：拓展儿童对世界时空的认识》 美国学校历史课程国家中心：《美国历史国家标准：探索美国的经验》 美国学校历史课程国家中心：《世界历史国家标准：探索通往当代的道路》 美国学校历史课程国家中心：《国家历史标准：基础版》
艺　术	美国艺术教育协会联盟：《艺术教育国家标准：美国青年在艺术方面所应该知道的和做到的》
健　康	美国健康教育标准合作委员会：《国家健康教育标准：发展健康素养》
公　民	美国公民教育中心：《公民与政府课程国家标准》
经济学	美国经济教育理事会：《K-12经济学国家标准的内容阐述》（未发表稿）
地　理	美国地理教育标准项目组：《为了生活的地理：国家地理标准》
体　育	美国运动和体育教育协会：《走向未来：体育教育国家标准》（第二版）
数　学	美国全国数学教师理事会：《学校数学课程的原则和标准》
社会研究	美国社会研究课程全国理事会：《对卓越的期望：社会研究课程标准》

除了表5.12列出的文件，50个州中的49个州已确定了州一级标准。

国家和州的标准文件都用知识的总体类别来界定标准内容。内容标准通常借助数量可控、概括表述的学生学习目标来设计各学术科目的领域。例如，作为国家和州级文件的综合，McREL的在线纲要（McREL's Online Compendium）确认了不同科学课程文件中常见的一些标准（Kendall & Marzano, 2005）。例如：

第5章 新分类法作为教育目标、考评与国家标准设计和改进的框架

科学课程标准

地球与空间科学

（1）理解大气过程和水循环。

（2）理解地球的构造和结构。

（3）理解宇宙的构造与结构以及地球在宇宙中的位置。

生命科学

（1）理解遗传的原理和相关概念。

（2）理解细胞和有机体的结构与功能。

（3）理解生物体之间及其与自然环境之间的关系。

（4）理解生物进化和生命的多样性。

物理科学

（1）理解物质的结构和性质。

（2）理解能量的来源和性质。

（3）理解力与运动。

科学的本质

（1）理解科学知识的本质。

（2）理解科学探究的本质。

（3）理解科学事业。

每条标准中的内容通常由被称为基准（benchmarks）、指标（indicators）或学习预期（learning expectations）等更具体的元素来进一步界定。这些文件通常会根据年级段确定多个不同的基准。例如，表5.13中"理解大气过程和水循环"的标准包含四个年级段的基准（学前班至二年级、三至五年级、六至八年级、九至十二年级）。教育工作者和学科专家在确定各个年级段的基准时，会将学术内容以对学生的学习来说最恰当的顺序来安排。就像《科学素养的基准》（*Benchmarks for Science Literacy*）的开发者所说的那样，基准的意图是识别"学生所需要的那些先行观念……以便从概念和心理上弄清"将要学习的概念的含义（Project 2061, 1993, p.304）。例如，表5.13列出的基准建议学生在学习水循环之前先懂得水的基本性质和形态。

表 5.13　州标准示例

标准 1　理解大气过程和水循环
水平 Pre-K（年级：幼儿园到学前班） 　1. 知道关于各种类型天气的词汇（例如下雨、刮风、晴）。 　2. 知道天气随时间而变化。 　3. 知道环境如何随季节而变化。
水平 I（年级：学前班至二年级） 　1. 知道短期气象条件（如温度、雨、雪）每天都会变化以及气象模式会随季节改变。 　2. 知道水可以是液体或固体，可以从一种形态变成另一种形态，但总量保持不变。
水平 II（年级：三至五年级） 　1. 知道水在空气中不同的存在形式（例如，云、微小液滴状的雾、雨、雪、冰雹），以及水能以不同的方式（比如冷冻、凝结、降水、蒸发）从一种形态变化到另一种形态。 　2. 知道太阳提供必要的光和热来保持地球的温度。 　3. 知道空气是一种包围着我们，占有空间，并且像风一样在我们身边流动的物质。 　4. 知道地球表面大部分被水覆盖；大量的水是存在于海洋中的盐水；在河流、湖泊、地下水和冰川中可以找到淡水。
水平 III（年级：六至八年级） 　1. 知道大气的组成和结构（如不同的大气层的温度和压强、空气的循环）。 　2. 知道水循环过程（例如蒸发、凝结、降水、地表径流、渗漏）及其对气象模式的影响。 　3. 知道太阳是地球表面现象（如风、洋流、水循环、植物生长）的主要能量来源。 　4. 知道可能影响地球气候的因素（例如：大气成分的变化；海洋温度的变化；地质变化，包括流星撞击地球，冰川的增厚或消融，以及一系列的火山喷发）。 　5. 知道地轴倾斜和地球绕太阳公转如何影响季节和气候模式（例如，在地球围绕太阳转动时，地球某一部分表面接受的热量更多）。 　6. 知道云层影响天气和气候的方式（如降水，对太阳光的反射，保存从地球表面散发的热能）。 　7. 知道水的哪些特性使之成为地球系统必不可少的成分（例如，作为溶剂的能力，在大多数地球温度下保持液体状态的能力）。
水平 IV（年级：九至十二年级） 　1. 知道地球表面如何形成风和洋流（例如，太阳对陆地、海洋和空气的热辐射不均衡的影响，重力对海洋和大气中不同温度层和密度层的影响，地球自转的影响）。 　2. 理解大气层内外的热量和能量传递及其对天气和气候的影响（例如，辐射、传导、对流与平流）。 　3. 知道地球上主要的外部和内部能源（例如，太阳是地球能量的主要外部来源，放射性同位素的衰变和地球原始地层间的重力能是地球能量的主要内部来源）。 　4. 知道地球上长期的生命进化改变了地球的大气成分（例如，具有光合作用能力的有机体的进化使现代大气层中的大部分氧气得以产生）。

表 5.13 中的顺序类似于塔巴（Taba，1967）所谓的"螺旋式课程"。它的基本原则是在较低的年级向学生介绍新知识的初级形式；在较高年级时相同的知识会再次出现，但更深入、更复杂。这个想法也得到了布鲁纳（Bruner，1960）和墨菲（Murphy，1974）的赞同。表 5.13 中的例子遵循螺旋式课程的一般原则。例如，在幼儿园阶段，向学生介绍这样的概念，即气象状况是可以改变的；在学前班到二年级阶段，重新审视这一概念，这时增加了短期气象条件和季节性气象模式的区别这一内容；等等。

遗憾的是，研究表明，许多州的标准文件未能坚持这种螺旋形式（Kendall，Ryan，& Richardson，2005）。尤其当标准涉及诸如"分析和使用数据"这类心智程序时，情况更是这样。这样一来，标准文件在每个水平上对心智程序只做简单的重复就司空见惯。新分类法的用处就在于可以把这些标准中的不同期望区别开来。为了说明这一点，我们可以看一下美属萨摩亚制定的标准（如表 5.14 所示）。

表 5.14 利用思维层级来完善美属萨摩亚的螺旋式课程

标准内容	到……结束时			
	一年级	二年级	三年级	四年级
收集、整理和读取图表中的数据	学生知道利用具体材料对对象进行分类、描述和比较（层级1，信息提取之回忆）	学生对数据进行分类，并说明它们之间的关系（层级3，分析之分类）	学生使用示意图、表格、曲线图和直方图收集和整理简单的数据（层级2，理解之符号化）	学生使用表格、曲线图和图形做出预测，并得出有关数据的结论（层级3，分析之导出）

来源：改编自美属萨摩亚的相关资料（2004 年）。

由表 5.14 可见，美属萨摩亚的数学课程标准在每个陈述末尾的括号里都按新分类法标有适合学生学习的水平。在一年级，学生应该知道以多种方式对对象进行分类、描述和比较，即层级 1 信息提取。在二年级，学生应该不仅能分类，而且能描述如何将该类别与其他类别联系起来，与此相关的是层级 3 分析。在三年级，学生收集数据并整理成各种图表或图形（层级 2 理解）。在四年级，他们用这一技能来做出预测（层级 3 分析）。尽管按照新分类法，对三年级的期望较二年级还低，但是三年级的内容更具挑战性。这是因为，正如本书一开始就指出的，新分类法某个思维层级的难度不仅随任务的复杂性而变化，而且随着学生对该任务所涉及的内容或技能的熟悉程度而变化。虽然三年级要求的思维层级比二年级低，但学生面对的是掌握收集和描述数据这样的新技能。

根据我们对学生学习的理解，新分类法可以用于对基准进行改造，以帮助确立教学顺序。在这种情况下，新分类法提供了组织基准内容的方法，用于完善螺旋式课程。

除了可以通过修改基准以使其支撑螺旋式课程之外，新分类法也可用于帮助澄清基准的意图。新分类法非常注意信息和程序之间的区别，并将之贯穿于认知系统、元认知系统和自我系统三个系统之中。由于这种区别影响到新分类法中的每一个层级，因此在确认基准的某项内容所包含的到底是信息还是程序之前，我们无法给该项基准指定一个分类层级。这是一个重要的问题，尽管在基准的开发过程中它经常被遗漏。例如，考虑下面的基准：

学生应该能够评价某个健康主题网站的可信度。

这项基准看起来适用于知识应用中的决策。然而，对学生应该学习的内容，基准的表述是含糊不清的。用新分类法对基准进行检查可使问题变得更清晰（如表5.15所示）。

表5.15 知识应用之决策

信息	
细节	学生利用细节知识做出具体的决定或者有关细节的决定。
事理	学生利用延拓或规则的知识做出具体的决定或者有关延拓或规则的决定。
心智程序	
技能	学生利用心智技能（技能或知识）做出具体的决定或有关心智技能的决定。
流程	学生利用心智流程（技能或知识）做出具体的决定或有关心智流程的决定。

第5章 新分类法作为教育目标、考评与国家标准设计和改进的框架

依据这项基准的重点是信息还是程序，相应地，有两种不同的教学、学习和考评。在考虑健康主题网站的可靠性时，如果基准的关注点在于学生应该知道影响网站可信度的具体细节或规则，那么教学和学习的重点就是新信息。然而，如果基准的意图是让学生应用所学的技能来评价网站的可信度，那么教学的重点将是评价网站的技术和策略。同样，考评可能会要求学生解释如何使用这些技能得出关于该网站可信度的判断。一旦搞清楚基准的重点是什么，我们就可以对基准做出相应的修改。首先，可以改写基准。如：

学生知道可信的健康主题网站所共有的特点是什么。

或：

学生知道如何应用不同的标准来确定健康主题网站的可信度。

表5.14说明的方法也可以用来确保基准的清晰度，即保持基准内容不变但点明思维的层级。例如：

学生应该能够评价健康主题网站的可信度（决策，信息）。

或：

学生应该能够评价健康主题网站的可信度（决策，心智程序）。

我们可以参照新分类法，检查各州课程标准文件中的基准，弄清该基准的意图是否清晰；如果不清晰，就删除模棱两可的地方，以此修正基准。

小 结

本章讨论了新分类法的三种应用。首先是作为设计教育目标的框架。这

里，对教育目标与教学目标、总体目标进行了区分。其次是用作设计考评的框架——鉴于教育目标已经明确，就应该对它们进行考评。最后就是作为改进和澄清国家标准的工具。

第6章 新分类法作为课程、思维技能的框架

正如上一章所述,新分类法可直接用于设计和评估教育目标以及对国家标准文件进行重新设计。推而广之,新分类法还可作为指导课程设计的框架。

课程设计的框架

当教育工作者使用新分类法为一门课程、一个单元或一堂课设计目标时,显然他们必须依据这些目标教学。例如,假设以下目标是为第二次世界大战单元确定的,重点是美国对核武器的使用。

目标1:学生能够识别与在长崎和广岛使用核武器有关的重要人物和事件。

目标2:学生能够解释和用符号表示导致做出使用核武器决定的主要事件,以及这一决定(在核武器使用之后)产生的影响。

目标3:学生将能够检查导致使用核武器这一决定的价值观和信念。

第一个目标处于层级1(信息提取),因为它要求学生识别影响核武器在长崎和广岛使用的重要人物和事件的信息。第二个目标处于层级2(理解),因为它要求学生表现出对事件总体格局的理解,重点在理解导致核武器使用的重要事件。实现层级1的目标要求的是片断的知识;实现层级2的目标要求的则是整体的知识。鉴于第二个目标要求学生解释和用符号进行表征,它定位于层级2的两种思维:整合和符号化。实际上,这个目标是双重的。第三个目标处于层级4(知识应用),它要求学生利用决策去研究导致

核武器使用的事件。

这些目标一旦阐明，就给课堂教育工作者指明了应关注的重点，即"必须教什么"。明确的目标有助于教育者确定如何组织和安排教学。需要格外注意的是，在这样的解决方案中，"怎样做"没有唯一的方式。有人可能会说，有三种组织和安排教学活动的方式。

方式1：聚焦知识

这种方式的重点是介绍和获取不断扩展和延伸的知识。以这种方式组织课程单元，首先将分别确定层级1和层级2的目标，即对应的信息提取和理解的目标。也许有人会认为，这种方式的隐性目的在于获取新知识。在前面的例子中，方式1的意图是让学生认识与核武器在长崎和广岛使用有关的重要人物和事件（目标1），以及理解那一历史阶段的主要事件（目标2）。这样组织的单元一般会沿着从具体到一般的路径不断前进。教师首先向学生介绍一些关于核武器在广岛和长崎使用的事实性知识（目标1）；接着再向学生介绍核武器使用之前、之中和之后的事件，为这一阶段的历史提供一个组织框架（目标2）。

新分类法中层级3和层级4的目标是工具性目标，目的在于加深对层级1和层级2目标的理解。在这个案例中，教师应向学生介绍这样的观念，即核武器的使用是由少数关键人物所做的决定，这样的决定也为说明做决定的人所持有的价值观和信念提供了证据（目标3）。为了实现这个目标，教师可能向学生提出如下任务：

> 观察做出在广岛和长崎投下原子弹的最终决定的那些人之间的互动。可供该委员会考虑的替代方案是什么？他们衡量替代方案的准则是什么？导致他们做出最终决定的准则反映了什么样的价值观？

这项任务的目的是加深学生对广岛和长崎事件的理解。实际上，这项任务将有助于丰富细节和加深学生对这一事件的认识。

方式 2：聚焦问题

我们也可以从问题的视角出发来实现前述的三个目标。这里的重点是考察与过去、现在和未来相关的问题。在这种情况下，第三个目标将是教学的核心。为了突出这个重点，在该单元开始时教师可向学生提出层级 3 的任务。然而，这项任务的措辞可能与方式 1 中的例子有所不同：

> "二战"期间做出在广岛和长崎使用原子弹最终决定的是由几个人组成的委员会。在本单元，你的部分工作是理解影响核武器使用的人和事以及主导委员会做出这样决定的价值观。此外，你要考虑这样的价值观在今天是否依然有效。如果你认为这些价值观仍然存在，说明它们是如何影响把控美国政策的那些人在当前所做的决策的。如果你认为这些价值观已不存在，说明我们当前的价值观与"二战"期间的价值观之间的差异。

为了完成这个任务，学生仍然必须完成目标 1 和目标 2，但该单元是靠一个议题或中心问题推动的——是什么样的价值观导致使用核武器的决定，以及这种价值观今天是否仍然存在？威金斯和麦克泰格（Wiggins & McTighe，1998）认为这是一个"必不可少的问题"，并将这种任务设计的起源追溯至杜威（Dewey，1916），他提出把学校教育作为民主社会最重要的工具。在这种方式中，较高层级的目标为较低层级的目标提供了依据：目标 1 和目标 2 是实现目标 3 的工具。较低层级的目标不是最终目标。

方式 3：聚焦学生探究

第三种方式以学生探究和自我分析为重点。这里强调的是学生自我探索和某一学科领域的知识。在这种情况下，单元教学可能从解决如下任务开始：

> 观察做出在日本广岛和长崎投下原子弹最终决定的那些人的互动。该委员会可能考虑的替代方案是什么？他们审视替代方案的准则是什么？让他们做出最终决定的那些准则所体现的价值观是什么？在你了解

了导致这个决定的价值观之后,解释你为什么认同或不认同那些价值观。如果你认同那些价值观,提供证据说明其合理性。如果你不认同那些价值观,找出你认同的价值观,并提供证据说明其合理性。

显然,这个任务与方式 1 提供的任务相似,只不过增加了一个要素,即要求学生确定他们是否认同那些决定使用原子弹的人所持有的价值观。根据定义,第三种方式涉及层级 6(自我系统)。在这种情况下,学生被要求进行重要性检查——新分类法中自我系统所包含的四个方面之一。这种方式实际上明确地设计或隐含了如下所述的第 4 个目标:

目标 4:学生能够识别和分析隐藏在于长崎和广岛使用原子弹决定背后的那些理念和价值观。

作为工具的三种方式

尽管有学者认为,在以上三种方式中,某种方式比其他方式更加可行(Caine & Caine, 1991; Carnine, 1992; Carnine & Kameenui, 1992; Hart, 1983; Hirsch, 1987, 1996; Kameenui, 1992; Lindsley, 1972; Wiggins & McTighe, 1998),但我们的立场是较为中立的。我们认为三种方式在不同情境下对不同的学生是有效的。教育工作者必须选择最符合他们所服务的学生及其家长、监护人需要的方式。

思维技能课程的框架

隐藏在新分类法中的一种课程是"思维技能"课程。正如在第 1 章中提到的,雷斯尼克(Resnick, 1987)概述了思维教学的基本原理。从那时起,有许多人(Costa, 2001; Costa & Kallick, 2000, 2004; Halpern, 1996a, 1996b; Marzano, 1992; Marzano et al., 1988; Sternberg & Spear-Swerling, 1996)重申和进一步阐述了这一基本原理。已经制定的州与国家标准也明确提出要开展思维教学(Marzano et al., 1999)。

新分类法中的每一个层级都确认了一种具体的思维类型，这些均可以成为教学的主题。教师可以向学生传授信息和技能，以提高他们信息提取、理解、分析等能力。在详细描述这门课程之前，请注意，有一个经常被用来反对思维教学的观点：对于那些人类本来就可以做的事情来说，再进行教育是多余的。这当然没错，不过，教育可以使人类在做一些生来就会的事情时效率大为提高也是事实。例如，所有的人不用教就会呼吸，但是，教学可以让人的呼吸效率大为提高也是事实。教学生如何更加有效地投入思维过程是思维技能课程的核心——即使人可能具有这方面的先天能力。事实上，许多研究人员已经指出存在无效率思维倾向（Abelson, 1995; Johnson-Laird, 1985; Perkins, Allen, & Hafner, 1983）。这个问题也有轻松的一面，吉洛维奇（Gilovich, 1991）找出了在日常推理中思维错误的大量例证，其中一些例子出自以严谨而著称的思想家。例如，有报道说，培根相信可以通过与猪肉摩擦来治好疣。亚里士多德认为，婴儿孕育于强劲的北风中。我们可能都会轻易地犯某种错误，所以，即使新分类法中阐述的思维是人类的基本特性，人们也能从针对这些思维的教学和练习中受益。

请注意，在后续的讨论中，我们通常建议给学生提供各种类型思维的操作步骤或方案。在认知心理学中，术语"操作方案"（protocol）通常指被试就其在某一特定时刻的思维所做的解释（Ericsson & Simon, 1980, 1984）。然而，这个术语也指对构成思维程序或身体动作程序基础的步骤或规则的口头描述（Anderson, 1993）。这里使用的是后一种含义：给学生介绍步骤或进行启发，帮助他们在某种心智过程一开始就变得更有效率。当以此为目的时，操作方案是学生发展和提高思维效能的有用的脚手架（Bodrova & Leong, 1996）。在本节中，我们有时会交替使用以下术语：步骤（steps）、操作方案和策略（strategies）。

层级1：信息提取

正如前面章节所述，信息提取是从永久记忆中提取信息并存放于工作记忆的过程。很显然，人类从出生起就从事信息提取活动。尽管如此，人类也开发了许多用于提高个人提取信息能力的技术。这些技术大部分假定，加工过程可以大致被描述为把新、旧两方面的知识、心理图像、身体感觉甚至情绪加以联系的过程（Hayes，1981；Lindsay & Norman，1977）。人们开发了许多常规的信息提取系统（有时被称为记忆系统），如主题词押韵系统（the rhyming pegword system）（Miller, Galanter, & Pribram, 1960）、位置或轨迹方法（Ross & Lawrence，1968）。最常用的一个系统是链接。在这里，学习者为希望回忆的每条信息都创建一个思维表象，然后用类似故事的方式将每条信息的表象连接起来。

层级2：理解

理解涉及两个相互联系的操作：整合和符号化。整合的关键是认识正在被加工的信息的基本结构。话语分析领域的研究人员鉴别了许多常见的信息组织模式（Cooper，1983；Frederiksen，1977；Meyer，1975）。前面第3章已经提到，在与学校相关的材料中常见的模式是特征模式、序列模式、过程-原因模式、问题解决模式和延拓模式（如表6.1所示）。

表6.1 组织模式

模式类型	模式特点
特征模式	将特定人物、地点、事物和事件的事实或特点组织起来。这些事实或特点不存在任何特定的顺序。例如，一部关于帝国大厦的电影中的信息，如大厦的高度、建成时间、拥有多少房间等，可以被组织成一个简单的特征模式。
序列模式	以特定的时间顺序组织事件。例如，一本书描述了1963年11月22日肯尼迪总统遇刺和1963年11月25日肯尼迪葬礼之间发生的事件。该书中的一章内容，可以被组织成序列模式。
过程-原因模式	把信息组织成一个因果网络以引出某个结果，或组织成一系列步骤以逐步导出某个结果。例如，导致南北战争的有关信息可以被组织成过程-原因模式。
问题解决模式	把信息组织成一个明确的问题及可能的解决方案。例如，一篇论文中可能出现的各种用词错误和纠正这些错误的方法可以被组织成问题解决模式。
延拓模式	把信息组织成含有支撑事例的延拓。例如，关于美国总统的教科书中的一章内容可以用这样的延拓来组织，即"美国总统通常来自有影响力的家庭"，随后是具体总统的例子。

这些模式可以作为整合的辅助工具教给学生，也可以把这些模式的本质特征当作整合的工具教给学生。有了这些背景知识，教师就可以给学生提供一些简单的策略，用以寻找这些模式的明确线索。一旦模式被分辨出来，它就构成了信息组织和整合的基础。实际上，教师可以教给学生如下操作方案：

- 查找信息中的模式。
- 一旦确定了有用的模式，使用该模式来组织信息。

符号化（理解）的策略也可以被公开教授（Clarke，1991；Heimlich & Pittelman，1988；Jones et al.，1987；McTighe & Lyman，1988）。正如第3章图3.3所示，刚才描述的每个组织模式都有一个用以表征它的图形组织者。图形组织者使用语言和符号，符号在本质上是抽象的，为此可以把示意图当作图形组织者的一种替代策略，通过符号和草图来描述信息。

层级3：分析

分析涉及五个心理过程：识别、分类、差错分析、拓展和导出。识别和分类的操作方案都依赖于对特征的识别和分析，因此颇为相似。关于这两者，教师可以首先向学生呈现表6.2所示的一套明确的步骤。

表6.2 识别和分类的操作方案

识别	分类
选择你要识别的项目	选择你要进行分类的一个或多个项目
选择项目的特点，用于对项目进行识别。确保特点对项目是重要的，并且有助于你对项目的理解	确定所选项目的定义性特征，即那些使项目能够成立的特点
根据特点描述这些项目的相似之处	确定所选项目所归属的类别，确保所选项目拥有所选类别的定义性特征
根据特点描述这些项目的不同之处	如果合适的话，确定所选项目的子类别，说明导致子类别彼此不同的原因
总结一下你对有关项目得出的结论	总结一下你对所选项目得出的结论

提出表 6.2 中策略的有拜尔（Beyer，1988）、哈尔彭（Halpern，1996a，1996b）、琼斯等人（Jones et al.，1985）、斯塔尔（Stahl，1985）以及塔巴（Taba，1967）。值得注意的是，人可以很自然地进行识别和分类。不过，同样值得注意的事实是美国学生在执行识别和分类任务时表现不佳。例如，1990 年国家教育进步评估报告指出，当要求美国学生对当今美国总统与华盛顿总统的主要权力进行对比并做出书面回答时，尽管已经向他们提供了完成任务所需要的基本信息，但只有 40% 的十二年级学生可以找出两个或两个以上的重要特征（Mullis, Owen, & Phillips, 1990, p.24）。

在对信息知识进行差错分析时，需要识别逻辑错误。逻辑学家和其他专家通过艺术的或科学的论证，已经对这些错误进行过描述和编目（Johnson-Laird, 1983; Johnson-Laird & Byrne, 1991; Toulmin, Rieke, & Janik, 1981）。马扎诺等人（Marzano, Paynter, & Doty, 2003）把这样的错误分为四大类，如表 6.3 所示。

表 6.3　四种类型的错误

1. 错误逻辑（七种）

- 自相矛盾——提供相互矛盾的信息。如果一位政治家在竞选纲领中提出支持限制任期，随后他对要求设置任期限制的修正案投反对票，那么这位政治家就犯了自相矛盾的错误。
- 偶发事例——未能认识到论证所依据的是偶然情况。例如，如果某个学生因为在某个星期五见过校长到餐厅用餐——那天正好是他的生日——他就得出结论说，校长总是在星期五到自己心仪的餐厅去用餐，那么这个学生就犯了以偶然代替一般的错误。
- 错误归因——混淆了事件发生的时间顺序，或者过于简化事件背后的原因。如果有人得出结论说越南战争的结束是因为反战抗议活动，他就犯了错误归因的错误。反战抗议活动可能与停战有关，但还有许多其他原因相互交织在一起。
- 主观臆断——提出一个假说，然后用跟假说相似的各种说法为它辩护。例如，某个人声称产品×××是市场上最好的洗涤剂，然后又说因为这是一种优于其他洗涤剂的产品，这就是主观臆断。
- 回避问题——改变主题，以避免回应问题。例如，某人在被记者问到有关涉嫌银行业务欺诈的问题时，开始谈论新闻媒体的邪恶，那就是在回避问题。
- 诉诸无知——论证一个主张之所以合理是因为没有证据说明它的对立面是真实的。例如某人认为在其他星球上没有生命，原因是那里没有生命存在的证据，那就是诉诸无知。

续表

- 以偏概全/以一般代替特殊——断言某个整体为真，但实际上只有其中的某些部分是真的，就是以偏概全；相反，以一般代替特殊指对某个通常体现为一个整体的所有部分进行断言，认为它永远是一个整体。例如，如果某人因为发现一个共和党人贪污就声称共和党人都是腐败的，那是犯了以偏概全的错误；如果某人说某个民主党人支持大政府，因为民主党人通常都支持政府的方案，那就是犯了以一般代替特殊的错误。

2. 攻击（三种）

- 一概抹黑——完全忠实于某种立场，而将一切反对意见都排除出去。这种攻击代表一个人不愿意考虑任何与自己意见相左的意见。例如，如果一个政党候选人只是说其对手负面的东西，那就是一概抹黑。
- 人身攻击——通过贬损某人（其证据可能是真实的也可能是别人栽赃的）来拒绝某人提出的主张。如果以某人的品德不佳来反对他对税收制度的立场，那就是人身攻击。
- 诉诸威胁——利用威胁使一个主张有效。如果你的房东因为你对即将到来的选举持不同意见而威胁要驱逐你，那就是在诉诸威胁。

3. 参照资源不能令人信服（五种）

- 依据带有偏见——一贯只接受与我们认为是真实的信息相一致的信息，或始终拒绝与我们认为是真实的信息不一致的信息。例如，认为某人肯定犯了罪以至于不考虑DNA证据表明该人是无辜的事实，就是依据带有偏见。
- 依据缺乏可信度——所使用的依据对特定主题来说可信度不高。尽管可信度是主观的，但大多数人对可信度低的信息也有一些共识，例如某个依据带有偏见或与主题几乎无关。某人试图通过引用一份以编造耸人听闻的故事而著称的小报上的消息使人相信，政府正在阴谋破坏大气层，就犯了依据缺乏可信度的错误。
- 诉诸权威——援引某个权威的话语作为讨论的结束语。例如有人说"××主义是邪恶的"，并以总督说过这样的话来支持其断言，就是诉诸权威。
- 诉诸大众——试图以事情的广泛性为基础来证明某项要求的合理性。例如，学生因为别人都在肚脐上穿孔而向自己的父母要求也穿一个的话，就是诉诸大众。
- 诉诸情感——使用令人伤心的故事作为证据。例如，有人以悲剧故事为手段说服人们同意其对战争的看法，就是诉诸情感。

4. 信息错误（两种）

- 混淆事实——使用看起来是真实的，但是已经被改变而不再是准确的事实。例如，有人通过在描述一个事件时遗漏重要事实或混淆时间顺序，来支持某项要求，就是混淆事实。
- 误用概念或延拓——错误地理解或应用概念或延拓来支持某项要求。例如，在脱口秀节目主持人提出批评之后，如果有人主张应以诽谤罪将其逮捕，就是误用了诽谤的概念。

考虑到学生对逻辑错误有一个大体理解，教师可以向他们介绍以下差错分析的操作方案：

- 判断提供给你的信息是否在试图影响你的想法。
- 如果信息试图影响你的想法，找出其中的错误——不寻常的说法或与你相信是事实的东西相悖的说法。
- 找出在你已经确认的错误说法背后思维中的错误。
- 如果发现了错误，就要求澄清。

在应用程序性知识时，差错分析包括找出在特定的心智程序或心理动作程序中的差错。例如，学生因为解代数方程时经常得到错误的答案而检查所使用的心智程序，就是在进行心智程序的差错分析。同样，学生由于打棒球时击出的不是他们所期望的结果而检查所使用的心理动作程序，就是在进行心理动作程序的差错分析。这类差错分析的一般操作方案可以表述如下：

- 判断你所使用的程序对你来说是否有效。
- 如果不是，请仔细查看你的操作步骤。考虑每个步骤的目的以及每一步是否都执行到位。
- 同时考虑你可能采取的其他步骤。
- 尝试使用不同的步骤和以不同的方式来执行具体的步骤，直到获得更好的结果。

拓展涉及从信息或观察所得中推断未知的原则或延拓。很多针对这类心理活动的讨论是从归纳的角度出发的（Halpern, 1996a, 1996b; Mayer, 1992）。因此，通常建议的操作方案是非常有活力的，以便包含多样化的心理活动，其中一些心理活动在新分类法中有所介绍（例如，分类和试验）。如同对拓展的描述所表明的那样，我们采用一种相对狭隘的视野，以便为教学提供一个焦点。可以介绍给学生用来进行拓展的操作方案，按照新分类法的定义，包含以下内容：

- 专注于具体的信息或观察。尽量不要对信息或观察所得做任何假设。
- 寻找信息之间的联系或信息可能被归入的类别。
- 基于你观察到的联系或你建构起来的类别，建构一个延拓。
- 重新审视延拓，以确保它与信息相匹配。
- 对延拓做必要的修正，确认并说明延拓的任何例外情况。

导出是使用你知道的或假设是正确的信息去推断未知结论的过程。以下是导出的操作方案：

- 确定一个适用于当前情境的一般规则。确保情境符合所有你已经确定的规则条件。
- 在应用该规则时，你知道哪些一定是真实的，哪些是一定会发生的。
- 确定你认为一定是真实的是否真实，或者一定会发生的事是否确实发生了。

考虑到分析的操作方案对大多数学生来说是新的内容，因此需要进行教学。拜尔提出，思维应在"内容不受限制"的环境中教授：教学应注重操作方案，而不是该过程中应用的内容（Beyer，1988）。相反，雷斯尼克（Resnick，1987）和格拉泽（Glaser，1984，1985）断言，操作方案只有在分析学科重要内容时才有意义。虽然我们同意拜尔对直接教学的强调，但我们的立场是，思维的操作方案最好是在学术内容中教授。为此，教师可向学生提出如下任务：

废弃材料的积累在我们的社会中是一个日益严重的问题。废弃材料可能有毒或无毒，难以降解，体积庞大，有异味，等等。想象一下，你在联邦政府成立的一个专责小组中，该小组的工作就是对所有废弃材料进行分类。利用我们在本单元所学的知识，设计一个分类系统。它应包括以下内容：

- 解释你的系统中各个类别背后的逻辑。
- 说明各种废弃材料可以纳入指定类别的理由。
- 解释为什么利用你的分类系统可以把握废弃材料的特点。

这个任务要求学生考虑学科内容以及识别的过程。

层级 4：知识应用

知识应用涉及知识在特定情境中的应用。在新分类法中，知识应用过程包括决策、问题解决、试验和调查。

决策是在看起来一样的选项中进行选择的过程。目前人们已经开发出很多决策的操作方案（Ehrenberg, Ehrenberg, & Durfee, 1979; Halpern, 1996a, 1996b; Marzano et al., 2003; Nardi & Wales, 1985; Wales & Stager, 1977）。以下的操作方案整合了大家建议的许多要素：

- 确定适合于你的方案或替代性方案。
- 确定一个好决策应符合的标准。
- 从供挑选的方案中找出最符合标准的方案。

更为复杂的操作方案需要考虑标准的权重和供选择的方案符合标准的程度。这样的处理使得对最优方案进行量化评估成为可能。以下是这种量化方式的操作方案：

- 确定适合于你的方案或替代性方案。
- 确定可以用来做出好的决策的标准。
- 对每个标准，进行重要性评分（绝对必要＝3；非常重要但不是关键的＝2；中等重要＝1）。
- 给每个选项分配一个分数，表示它符合标准的程度（完全符合标准＝3；符合标准的大多数特性＝2；符合标准的部分而非大多数特性=1；不符合标准的任何特性=0）。
- 用各个选项符合标准程度的得分乘以各个标准的重要性得分。
- 对于各个选项，将其乘积合计。获得最高总分的选项是最合理的选择。
- 根据你对所选择项目的认识和感受，确定是否要修改标准的重要性评分，甚至添加或者删除标准的某种特性。
- 如果你已做了某些改动，回头重新计算分数。

问题解决是克服障碍、完成特定任务的过程。这显然与决策有关，因为解决一个问题通常涉及决策，反之则未必。马扎诺等人（Marzano et al., 2003）、罗（Rowe, 1985）、斯腾伯格（Sternberg, 1986b）以及威克尔格林（Wickelgren, 1974）已经开发了许多用于问题解决的操作方案。以下操作方案综合了大家建议的许多要素：

- 用具体的术语描述你的预期目标。
- 列出在你实现预期目标过程中会遇到的障碍。
- 列出克服这些障碍的选项一览表。
- 确定哪个选项最有可能取得成功，并尝试一下。
- 如果你的第一选择没有成功，那么就尝试另一种选择。

马扎诺等人还设计了一个包含新分类法中元认知系统和自我系统成分的更灵活的操作方案：

- 确定你是否真的遇到了问题。目标对你来说是真的重要，还是可以忽略的？
- 如果你确实遇到一个问题，那么就花一点时间来坚定以下信念：
  a. 也许有很多办法可以解决这个问题，我一定会找到一种。
  b. 如果我寻找帮助，就可能找得到。
  c. 我完全有能力解决这个问题。

- 自行思考这个问题。用语言表达你的想法。
- 寻找你将会遇到的障碍——还缺少什么？确认可能的解决方案，以弥补缺少的内容或克服障碍。
- 针对你确定的每个可能的解决方案，分析其成功的可能性。考虑每一个解决方案所需要的资源以及你是否能够获得这些资源。这可能是你需要寻求帮助的地方。
- 尝试你认为成功机会最大、能够最好地符合你对风险的承受水平的解决方案。
- 如果你的解决方案不起作用，梳理你的想法，回到你已经确定的另一个解决方案并加以尝试。
- 如果没有发现任何有效的解决方案，"重新评价"你所要解决的问题。寻找一个能够实现的更基本的目标。（Marzano et al., 2003, pp. 26-27）

试验是生成和检验关于特定生理事件或心理事件的假设的过程。正如前面章节所述，这种知识应用过程与其他人所说的科学研究、实验研究等基本上是同义的，但是，它不要求提供举证规则，以及科学研究、实验所要求的报告。哈尔彭（Halpern, 1996a, 1996b）、马扎诺（Marzano, 1992；Marzano et al., 1988）以及梅杰（Mayer, 1992）已经开发了许多涉及试验的操作方案。以下操作方案综合了大家建议的许多要素：

- 观察你感兴趣的事情并加以解释。哪些规则、理论或原理可以用来解释你观察到的事情？
- 在解释的基础上，你可以做什么预测？你认为在特定的条件下可能发生什么？
- 设计用于检验你的预测的试验并加以实施。
- 解释你的试验结果。根据试验的结果，你原先的解释是否需要改变？

调查是检验关于过去、现在或未来事件的假设的过程。马扎诺（Marzano，1992）认为有三种类型的调查：历史的（historical）、投射的（projective）和定义的（definition）。历史调查回答诸如"到底发生了什么？"和"××为什么会发生？"的问题；投射调查回答诸如"如果……，那么会发生什么？"和"如果……，那么应该发生什么？"的问题；定义调查回答诸如"××的重要特点是什么？"和"××的定义性特征是什么？"的问题。下面是一个可以用于上述三种类型调查的操作方案：

- 清楚地确认：
   a. 要定义的概念（定义调查）；
   b. 要加以解释的已往的事件（历史调查）；
   c. 要定义或解释的未来的事件或假设的事件（投射调查）。
- 确定已知什么或商定了什么。
- 找出所有的混乱或矛盾之处。
- 针对混乱或矛盾，制订一个合理的解决方案。

同分析一样，试验应该配合学科内容进行教学。例如，试验可以在如下的任务情境中进行教学和强化：找出你在电梯里注意到的一些有趣的现象。运用我们在课堂上学过的有关重力、力和运动的原理解释你所注意到的现象。根据你对这些原理的理解，拟出一个可以检验的预测。制订一个验证你预测的研究方案。当你完成研究之后，解释研究结果是否证实了你的预测。确保你报告中所用的有关重力、力和运动的具体信息是在课堂上提供的。报告中也包括：

- 你提出假设的理由。
- 你的试验如何检验了你的假设。
- 试验的结果是否真正解释了你原来的假设。

请注意，该任务要求学生依据已学过的科学原理报告试验的过程。

层级 5：元认知系统

新分类法中的元认知系统包括四种类型的思维：目标设定、过程监控、清晰度监控和准确度监控。目标设定包括树立信息理解或程序运用的目标，并制订实现目标的计划。例如，当学生决定在本学期内弄懂伯努利原理并制订实现目标的计划时，学生就是在进行目标设定。教师可以帮助学生了解如何设定良好的目标以及为实现目标而实施的计划应包括哪些具体方面（Costa & Kallick，2000，2004）。例如，教师可教给学生以下内容：

- 目标应包括标志任务完成的具体的、可识别的行为或事件。
- 目标应包括为实现目标而制订的隐性或显性的计划。
- 该计划应确定达成目标所必需的资源。
- 该计划应包括标志进展的阶段性成果。
- 在通常情况下，如果环境发生变化，目标就必须跟着改变。

此外，学生可了解在什么时候制定目标是特别有用的，例如下面的情况：

- 当他们承担特别具有挑战性的任务的时候。
- 当他们学习新技能的时候。
- 当他们开始新的工作的时候。
- 当他们觉得没有为工作做好充分准备的时候。

过程监控涉及跟踪目标完成的进展情况。过程监控的许多方面已被作为直接教学的内容（Costa & Kallick，2000，2004；Zimmerman，Bonner，& Kovach，1996）。例如，教师可向学生介绍如下操作程序：

- 当进行一项艰难的工作时，定期停下来问问自己：情况怎么样了？我可以或应该做些改变吗？

- 定期检查你离目标还有多远。
- 如果你觉得自己在实现目标方面没有取得足够的进展，那就停下来仔细检查你的行动，评估你对进展的期望有多实际。
- 定期考虑你的目标是否必须改变。

清晰度监控和准确度监控的元认知过程往往是一起讲授的（Barrell，2003；Costa & Kallick，2000，2004；Halpern，1996a，1996b）。它们显然是相关的，因为有效的思维应该是既清楚又准确的。关于清晰度监控，教师可以教给学生如下策略：

- 不断地问自己：我是否弄清楚了向我提供的信息？或者，我是否清楚将要提供些什么？
- 当你不确定想说什么时，就在心中默诵。
- 当你不清楚信息的含义时就提问，直到你弄清楚。

关于准确度监控，教师可以教给学生如下策略：

- 在把某事作为事实来陈述之前，请确保你的信息是准确的。
- 如果你不能确定某事是准确的话，请对陈述进行限定，直至就你所知，知识是准确的。
- 养成一种习惯——说明你的话语在多大程度上是真的，而不是简单地说它是对的或错的（例如，"我对刚才所说的非常有把握，但对我接下来要说的就不是很有把握了"）。

除了理解和使用这些一般性的操作方案，哈尔彭（Halpern，1996a，1996b）认为，应该让学生对人类思维中常见的影响清晰度和准确度的障碍有所警觉（如表6.4所示）。

表 6.4　影响清晰度和准确度的常见错误

认识降低清晰度和准确度的障碍	描述
认识回归平均值现象	意识到在测量中，一个极端值之后通常跟着更接近平均值的较为居中的分数
认识事件同时发生的可能性较小	认识到两个或多个独立事件同时发生的可能性比它们分别发生的可能性要小
时刻清楚事件的基本形式	以某类事件发生的一般或典型形式为基础，预测特定情境中可能发生的事件
理解推断的局限性	认识到利用趋势做出预测（如推断）是一个有用的做法，只要这个预测没有脱离反映趋势的材料
进行风险估计时要考虑或然性事件的累积性	认识到即使发生危险事件的概率很低，但是，随着时间的延续和事件发生次数的增加，其可能性将会增加

层级 6：自我系统

有关自我系统内部运作的教学是过去十年中备受关注的话题（Costa & Kallick, 2000; Goleman, 1995）。新分类法阐述的自我系统涉及四个相关因素：重要性检查、效能感检查、情绪反应检查和动机检查。

重要性检查包括分析一个具体主题或事件对学生来说有多么重要、为什么重要或不重要。为此，学生必须认识到人类是如何确认重要性的。具体来说，学生需要认识到这样的事实，即不管什么时候，一个人都在试图完成某个外显的或者内隐的目标。如同格拉瑟（Glasser, 1969, 1981）所说的那样，我们是寻求目标的装置。有时目标与人的基本生理需求，如得到安全、吃饱以及获得舒适有关。有时，目标会与更高水平的愿望有关（Maslow, 1968; McCombs, 1984, 1986）。考虑到学生对这种动力的了解，教师可以教给他们的基本技能是明确自己在任意时刻的行为目的，换句话说，在任何一个时间点上，他们的行为可能导致的结果。这种技能可以转化为提出和回答这样的问题："我现在的行动可能导致的结果是什么？这是我所想要的吗？"

效能感检查涉及分析和控制一个人相信自己能够实现某个具体目标的程度（McCombs，1986；McCombs & Marzano，1990；McCombs & Pope，1994；McCombs & Whisler，1997；Zimmerman et al.，1996）。塞利格曼（Seligman，1990，1994）的研究与教学生检查自己的效能感密切相关。塞利格曼指出，教师应首先让学生知道自己的解释风格——他们是如何解释成功与失败的。广而言之，努力（或"归因于努力"）是一种最有力的解释成功的方式。如果学生形成"努力孕育成功"的信念，那么根据定义，他们在面对挑战性任务时效能感将增强。

情绪反应检查最初涉及的是认识情绪带给人类思想和行为的影响（Goleman，1995；LeDoux，1996）。虽然情绪的本质和功能很复杂，但是从教学的角度看，教师可以教给学生一个简单的模型，其中有四种基本情绪：高兴、悲伤、生气和害怕（Marzano, Gaddy, Foseid, Foseid, & Marzano, 2005）。每一种情绪都会影响我们的思维和行动方式。有了这个认识以后，教师可以教给学生一些方法用来监控情绪对思想和行为的影响以及抑制一些情绪的负面影响，尤其是强烈情绪的负面影响。下面的问题有利于学生认识和控制自己的情绪反应：

- 当你觉得自己特别难过的时候，尽量留意你的想法和你将得出的结论。如果你不难过的话，会有同样的想法和结论吗？
- 当你发现自己不开心而且思维不清晰的时候，暂且放下你正在做的事情，等心情平静后再回来。
- 当你心情不好且与人互动的时候，对自己说的话必须非常小心。你可能会对因为情绪状态不好而说出的话感到后悔。
- 如果你发现自己经常心烦，试着找出造成这种状况的原因。

动机检查涉及认识一个人实施一个具体任务的总体动机水平。正如上文讨论和第1、2章所论述的那样，特定情境中的动机可以被认为是所有因素整体影响的结果，包括对某项任务重要性的认识、完成任务的效能感，以及当时的情绪反应。当然，从重要性检查、效能感检查和情绪反应检查到增强动机，中间还有很长的路。然而，作为一种自我调节的动力，当动机被当作一种决策而不是反应时，动机就处于学生的控制之下。教师可以让学生认识到，弄清他们对任务重要性的想法、效能感以及情绪反应，可以让他们控制自己特定情境中的动机水平。有了这个认识，教师可以教给学生简单的策略，即提出和回答以下问题，并将其作为监控整体动机的方法："我的动机水平足以让我在这种情境中获得所渴望的结果吗？"如果对这个问题的回答是否定的，学生可以就自己对任务的重要性判断、效能感和情绪反应中的某项或多项因素做出必要的调整。

小　　结

本章首先介绍了新分类法在课程设计中的应用。这是把新分类法用作设计教育目标的工具自然导致的结果：一旦创建了目标，接下来的问题就是如何设计课程以让学生达到这些目标。本章提出了三种模式，它们各有不同的侧重点：一个侧重于知识，一个侧重于问题，还有一个侧重于学生探究。新分类法影响课程的另一种方式是作为思维教学的框架。新分类法中的每一个层级和各个层级内的每种思维都可作为合理的、可行的教学主题。

参 考 文 献

Abelson, R. P. (1995). *Statistics as principled argument*. Mahwah, NJ: Lawrence Erlbaum.

Aiken, F. (1991). *The nature of science*. Portsmouth, NH: Heinemann.

Ainsworth, L. (2003a). *Power standards: Identifying the standards that matter most*. Denver, CO: Advance Learning Press.

Ainsworth, L. (2003b). *Unwrapping the standards: A simple process to make standards manageable*. Denver, CO: Advance Learning Press.

Airasian, P. W. (1987). State mandated testing and educational reform: Context and consequences. *American Journal of Education*, 95(3), 392–412.

Airasian, P. W. (1994). The impact of the taxonomy on testing and evaluation. In L. W. Anderson & L. A. Sosniak (Eds.), *Bloom's taxonomy: A forty-year retrospective: Ninety-third yearbook of the National Society for the Study of Education* (pp. 82–102). Chicago: University of Chicago Press.

Ajzen, I. (1985). From intentions to actions: A theory of planned behavior. In J. Kuhl & J. Beckman (Eds.), *Action-control: From cognition to behavior*. Heidelberg, Germany: Springer.

Ajzen, I., & Fishbein, M. (1977). Attitude-behavior relations: A theoretical analysis and review of empirical research. *Psychological Bulletin*, 84, 888–918.

Ajzen, I., & Fishbein, M. (1980). *Understanding attitudes and predicting social behavior*. Englewood Cliffs, NJ: Prentice Hall.

Ajzen, I., & Madden, T. J. (1986). Prediction of goal-directed behavior: Attitudes, intentions, and perceived behavioral control. *Journal of Experimental Social Psychology*, 22, 453–474.

Amabile, T. M. (1983). *The social psychology of creativity*. New York: Springer.

American Samoa Department of Education. (April 2004). *Mathematics content standards for grades 1–12*. Pago Pago, American Samoa: Author.

Anderson, J. R. (1983). *The architecture of cognition*. Cambridge, MA: Harvard University Press.

Anderson, J. R. (1990a). *The adaptive character of thought*. Hillsdale, NJ: Lawrence Erlbaum.

Anderson, J. R. (1990b). *Cognitive psychology and its implications* (3rd ed.). New York: Freeman.

Anderson, J. R. (1993). *Rules of the mind*. Mahwah, NJ: Lawrence Erlbaum.

Anderson, J. R. (1995). *Learning and memory: An integrated approach*. New York: John Wiley.

Anderson, L. W., Krathwohl, D. R., Airasian, P. W., Cruikshank, K. A., Mayer, R. E., Pintrich, P. R., et al. (Eds.). (2001). *A taxonomy for learning, teaching, and assessing: A revision of Bloom's taxonomy of educational objectives*. New York: Longman.

Anderson, L. W., & Sosniak, L. A. (Eds.). (1994). *Bloom's taxonomy: A forty-year retrospective: Ninety-third yearbook of the National Society for the Study of Education*. Chicago: University of Chicago Press.

Baker, E. L., Aschbacher, P. R., Niemi, D., & Sato, E. (1992). *CRESST performance assessment models: Assessing content area explanations*. Los Angeles: University of California, National Center for Research on Evaluation, Standards, and Student Testing.

Bandura, A. (1977). Self-efficacy: Toward a unifying theory of behavioral change. *Psychological Review, 84*(2), 191-215.

Bandura, A. (1982). Self-efficacy mechanism in human agency. *American Psychologist, 37*, 122-147.

Bandura, A. (1991). Social cognitive theory of self-regulation. *Organizational Behavior and Human Decision Processes, 50*, 248-287.

Bandura, A. (1993). Perceived self-efficacy in cognitive development and functioning. *Educational Psychologist, 28*, 117-148.

Bandura, A. (1996). Ontological and epistemological terrains revisited. *Journal of Behavior Therapy and Experimental Psychiatry, 27*, 323-345.

Bandura, A. (1997). *Self-efficacy: The exercise of control*. New York: Freeman.

Baron, J. (1982). Personality and intelligence. In R. J. Sternberg (Ed.), *Handbook of human intelligence* (pp. 308-351). London: Cambridge University Press.

Baron, J. (1985). Assessing higher order thinking skills in Connecticut. In C. P. Kearney (Ed.), *Assessing higher order thinking skills* (ERIC/TIME Resort 90). Princeton, NJ: Educational Testing Service.

Baron, J., & Brown, R. V. (Eds.). (1991). *Teaching decision making to adolescents*. Mahwah, NJ: Lawrence Erlbaum.

参考文献

Barrell, J. (2003). *Developing more curious minds.* Alexandria, VA: Association for Supervision and Curriculum Development.

Beyer, B. K. (1988). *Developing a thinking skills program.* Boston: Allyn & Bacon.

Bloom, B. S. (1976). *Human characteristics and school learning.* New York: McGraw-Hill.

Bloom, B. S., Engelhart, M. D., Furst, E. J., Hill, W. H., & Krathwohl, D. R. (Eds.). (1956). *Taxonomy of educational objectives: The classification of educational goals. Handbook I: Cognitive domain.* New York: David McKay.

Bodrova, E., & Leong, D. J. (1996). *Tools of mind: The Vygotskian approach to early childhood education.* Englewood Cliffs, NJ: Prentice Hall.

Braine, M. D. S. (1978). On the relation between the natural logic of reasoning and standard logic. *Psychological Review, 85*, 1-21.

Brandt, R. (Ed.). (1986, May). Frameworks for teaching thinking [Special issue]. *Educational Leadership, 43*(8).

Brown, A. L. (1978). Knowing when, where and how to remember: A problem of metacognition. In R. Glaser (Ed.), *Advances in instructional psychology* (Vol. 1, pp. 77-165). Hillsdale, NJ: Lawrence Erlbaum.

Brown, A. L. (1980). Metacognitive development and reading. In R. J. Spiro, B. C. Bruce, & W. F. Brewer (Eds.), *Theoretical issues in reading comprehension* (pp. 453-481). Hillsdale, NJ: Lawrence Erlbaum.

Brown, A. L. (1984). Metacognition, executive control, self-regulation, and other even more mysterious mechanisms. In F. E. Weinert & R. H. Kluwe (Eds.), *Metacognition, motivation, and learning* (pp. 60-108). Stuttgart, West Germany: Kuhlhammer.

Brown, J. S., & Burton, R. R. (1978). Diagnostic models for procedural bugs in basic mathematical skills. *Cognitive Science, 2*, 155-192.

Bruner, J. (1960). *The process of education.* Cambridge, MA: Harvard University Press.

Buber, M. (1958). *I and thou.* New York: Scribner.

Caine, R. N., & Caine, G. (1991). *Making connections: Teaching and the human brain.* Alexandria, VA: Association for Supervision and Curriculum Development.

Calfee, R. C. (1994). *Implications for cognitive psychology for authentic assessment and instruction* (Tech. Rep. No. 69). Berkeley: University of California, National Center for the Study of Writing.

Calfee, R. C., & Hiebert, E. H. (1991). Classroom assessment of reading. In R. Barr, M. Kamil, P. Mosenthal, & P. D. Pearson (Eds.), *Handbook of research on reading* (2nd ed., pp. 281-309). New York: Longman.

Carnine, D. (1992). Introduction. In D. Carnine & E. J. Kameenui (Eds.), *Higher order thinking: Designing curriculum for mainstream students* (pp. 1-22). Austin, TX: Pro-ed.

Carnine, D., & Kameenui, E. J. (Eds.). (1992). *Higher order thinking: Designing curriculum for mainstream students*. Austin, TX: Pro-ed.

Carroll, J. B. (1964). Words, meanings, and concepts. *Harvard Educational Review*, *34*, 178-202.

Carroll, J. B. (1993). *Human cognitive abilities: A survey of factor-analytic studies*. New York: Cambridge University Press.

Center for Civic Education. (1994). *National standards for civics and government*. Calabasas, CA: Author.

Chafe, W. L. (1970). *Meaning and structure of language*. Chicago: University of Chicago Press.

Clark, H. H., & Clark, E. V. (1977). *Psychology and language*. San Diego, CA: Harcourt Brace Jovanovich.

Clarke, J. H. (1991). Using visual organizers to focus on thinking. *Journal of Readers*, *34*(7), 526-534.

Clement, J., Lockhead, J., & Mink, G. (1979). Translation difficulties in learning mathematics. *American Mathematical Monthly*, *88*, 3-7.

College Entrance Examination Board. (1983). *Academic preparation for college: What students need to know and be able to do*. New York: Author.

Consortium of National Arts Education Associations. (1994). *National standards for arts education: What every young American should know and be able to do in the arts*. Reston, VA: Music Educators National Conference.

Cooper, C. R. (1983). Procedures for describing written texts. In P. Mosenthal, L. Tamor, & S. A. Walmsley (Eds.), *Research on writing* (pp. 287-313). New York: Longman.

Corno, L., Cronbach, L. J. (Ed.), Kupermintz, H., Lohman, D. F., Mandinach, E. B., Porteus, A. W., et al. for the Stanford Aptitude Seminar. (2002). *Remaking the concept of aptitude: Extending the legacy of Richard E. Snow*. Mahwah, NJ: Lawrence Erlbaum.

Costa, A. (1984). Mediating the metacognitive. *Educational Leadership*, *42*(3), 57-62.

Costa, A. L. (1991). Toward a model of human intellectual functioning. In A. L. Costa (Ed.), *Developing minds: A resource book for teaching thinking* (Rev. ed., Vol. 1, pp. 137-140). Alexandria, VA: Association for Supervision and Curriculum Development.

Costa, A. L. (2001). *Developing minds: A resource book for teaching thinking* (3rd ed.). Alexandria, VA: Association for Supervision and Curriculum Development.

Costa, A. L., & Kallick, B. (2000). (Eds.). *Activating and engaging habits of mind.* Alexandria, VA: Association for Supervision and Curriculum Development.

Costa, A. L., & Kallick, B. (2004). *Assessment strategies for self-directed learning.* Thousand Oaks, CA: Corwin Press.

Covington, M. V. (1992). *Making the grade: A self-worth perspective on motivation and school reform.* New York: Cambridge University Press.

Csikszentmihalyi, M. (1990). *Flow: The psychology of optimal experience.* New York: Harper & Row.

Dale, E. (1967). Historical setting of programmed instruction. In P. C. Lange (Ed.), *Programmed instruction: Sixty-sixth yearbook of the National Society for the Study of Education*, Part 2 (pp. 28-54). Chicago: University of Chicago Press.

Davis, R. B. (1984). *Learning mathematics: The cognitive science approach to mathematics education.* Norwood, NJ: Ablex.

de Beaugrande, R. (1980). *Text, discourse and process: Toward a multi-disciplinary science of text.* Norwood, NJ: Ablex.

Deely, J. (1982). *Semiotics: Its history and doctrine.* Bloomington: Indiana University Press.

de Kock, A., Sleegers, P., & Voeten, J. M. (2004). New learning and the classification of learning environments in secondary education. *Review of Educational Research*, 74(2), 141-170.

Dennett, D. C. (1969). *Content and consciousness.* London: Routledge & Kegan Paul.

Dennett, D. C. (1991). *Consciousness explained.* Boston: Little, Brown.

Dewey, J. (1916). *Democracy and education: An introduction to the philosophy of education.* New York: Macmillan.

Eco, U. (1976). *A theory of semiotics.* Bloomington: Indiana University Press.

Eco, U. (1979). *The role of the reader.* Bloomington: Indiana University Press.

Eco, U. (1984). *Semiotics and the philosophy of language.* Bloomington: Indiana University

Press.

Education Commission of the States. (1982). *The information society: Are high school graduates ready?* Denver, CO: Education Commission of the States.

Education Testing Service. (1987). *Learning by doing: A manual for teaching and assessing higher order thinking in science and mathematics.* Princeton, NJ: Educational Testing Service.

Ehrenberg, S. D., Ehrenberg, L. M., & Durfee, D. (1979). *BASICS: Teaching/learning strategies.* Miami Beach, FL: Institute for Curriculum and Instruction.

Ennis, R. H. (1985). Goals for a critical thinking curriculum. In A. L. Costa (Ed.), *Developing minds: A resource book for teaching thinking* (pp. 54–57). Alexandria, VA: Association for Supervision and Curriculum Development.

Ennis, R. H. (1987a, Summer). A conception of critical thinking with some curriculum suggestions. *American Philosophical Association Newsletter on the Teaching of Philosophy*, 1–5.

Ennis, R. H. (1987b). A taxonomy of critical thinking dispositions and abilities. In J. Baron & R. Sternberg (Eds.), *Teaching thinking skills: Theory and practice* (pp. 9–26). New York: Freeman.

Ennis, R. H. (1989). Critical thinking and subject specificity: Clarification and needed research. *Educational Researcher*, *18*(3), 4–10.

Ericsson, K. A., & Simon, H. A. (1980). Verbal reports as data. *Psychological Review*, *87*, 215–251.

Ericsson, K. A., & Simon, H. A. (1984). *Protocol analysis: Verbal reports as data.* Cambridge: MIT Press.

Evans, J. St. B. T., Newstead, S. E., & Byrne, R. M. (1993). *Human reasoning.* Mahwah, NJ: Lawrence Erlbaum.

Fairbrother, R. W. (1975). The reliability of teachers' judgments of the ability being tested by multiple-choice items. *Educational Researcher*, *17*(3), 202–210.

Fillmore, C. J. (1968). The case for case. In E. Beck & R. T. Harms (Eds.), *Universals in linguistic theory* (pp. 1–210). New York: Holt, Rinehart & Winston.

Fitts, P. M. (1964). Perceptual-motor skill learning. In A. W. Melton (Ed.), *Categories of human learning* (pp. 107–131). New York: John Wiley.

Flavell, J. (1979). Metacognition and cognitive monitoring: A new area of cognitive-developmental inquiry. *American Psychologist*, *34*, 906–911.

参考文献

Flavell, J. H. (1976). Metacognitive aspects of problem solving. In L. B. Resnick (Ed.), *The nature of intelligence* (pp. 231-235). Hillsdale, NJ: Lawrence Erlbaum.

Flavell, J. H. (1977). *Cognitive development*. Englewood Cliffs, NJ: Prentice Hall.

Flavell, J. H. (1978). Metacognitive development. In J. M. Scandura & C. J. Brainerd (Eds.), *Structural-process theories of complex human behavior* (pp. 213-245). Alpen a. d. Rijn, the Netherlands: Sijithoff and Noordhoff.

Flavell, J. H. (1987). Speculations about the nature and development of metacognition. In F. E. Weinert & R. H. Kluwe (Eds.), *Metacognition, motivation and understanding* (pp. 21-29). Hillsdale, NJ: Lawrence Erlbaum.

Frankl, V. E. (1967). *Psychotherapy and existentialism*. New York: Pocket Books.

Frederiksen, C. H. (1975). Representing logical and semantic structure of knowledge acquired from discourse. *Cognitive Psychology*, 7, 371-458.

Frederiksen, C. H. (1977). Semantic processing units in understanding text. In R. O. Freedle (Ed.), *Discourse production and comprehension* (Vol. 1, pp. 57-88). Norwood, NJ: Ablex.

Furst, E. J. (1994). Bloom's taxonomy: Philosophical and educational issues. In L. W. Anderson & L. A. Sosniak (Eds.), *Bloom's taxonomy: A forty-year retrospective: Ninety-third yearbook of the National Society for the Study of Education* (pp. 28-40). Chicago: University of Chicago Press.

Gagne, R. M. (1977). *The conditions of learning* (3rd ed.). New York: Holt, Rinehart & Winston.

Gagne, R. M. (1989). *Studies of learning: 50 years of research*. Tallahassee: Florida State University, Learning Systems Institute.

Garcia, T., & Pintrich, P. R. (1991, August). *The effects of autonomy on motivation, use of learning strategies, and performance in the college classroom*. Paper presented at the annual meeting of the American Psychological Association, San Francisco, CA.

Garcia, T., & Pintrich, P. R. (1993, August). *Self-schemas as goals and their role in self-regulated learning*. Paper presented at the annual meeting of the American Psychological Association, Toronto, Canada.

Garcia, T., & Pintrich, P. R. (1995, August). *The role of possible selves in adolescents' perceived competence and self-regulation*. Paper presented at the annual meeting of the American Educational Research Association, San Francisco, CA.

Gentner, D., & Markman, A. B. (1994). Structural alignment in comparison: No difference without similarity. *Psychological Science*, *5*(3), 152-158.

Geography Education Standards Project. (1994). *Geography for life: National geography standards*. Washington, DC: National Geographic Research and Exploration.

Gilovich, T. (1991). *How we know what isn't so*. New York: Free Press.

Glaser, R. (1984). Education and thinking: The role of knowledge. *American Psychologist*, *39*, 93-104.

Glaser, R. (1985). Learning and instructions: A letter for a time capsule. In S. F. Chipman, J. W. Segal, & R. Glaser (Eds.), *Thinking and learning skills: Research and open questions* (Vol. 2, pp. 609-618). Hillsdale, NJ: Lawrence Erlbaum.

Glaser, R., & Linn, R. (1993). Foreword. In L. Shepard, *Setting performance standards for student achievement* (pp. xiii-xiv). Stanford, CA: Stanford University, National Academy of Education.

Glasman, N. S., & Pellegrino, J. W. (Eds.). (1984). *Review of Educational Research* [Special issue], *54*(4).

Glasser, W. (1969). *Schools without failure*. New York: Harper & Row.

Glasser, W. (1981). *Stations of the mind*. New York: Harper & Row.

Goleman, D. (1995). *Emotional intelligence: Why it can matter more than IQ*. New York: Bantam.

Goodman, Y. M. (1978). Kid watching: An alternative to testing. *National Elementary School Principal*, *57*, 41-45.

Halpern, D. F. (1984). *Thought and knowledge: An introduction to critical thinking*. Hillsdale, NJ: Lawrence Erlbaum.

Halpern, D. F. (1996a). *Thinking critically about critical thinking*. Mahwah, NJ: Lawrence Erlbaum.

Halpern, D. F. (1996b). *Thought & knowledge: An introduction to critical thinking* (3rd ed.). Mahwah, NJ: Lawrence Erlbaum.

Hart, L. A. (1983). *Human brain and human learning*. New York: Longman.

Harter, S. (1980). The perceived competence scale for children. *Child Development*, *51*, 218-235.

Hayes, J. R. (1981). *The complete problem solver*. Philadelphia: Franklin Institute.

Heimlich, J. E., & Pittelman, S. D. (1988). *Semantic mapping: Classroom applications*. Newark, DE: International Reading Association.

Himsworth, H. (1986). *Scientific knowledge & philosophic thought*. Baltimore: Johns Hopkins University Press.

Hirsch, E. D., Jr. (1987). *Cultural literacy: What every American needs to know*. Boston: Houghton Mifflin.

Hirsch, E. D., Jr. (1996). *The schools we need: Why we don't have them*. New York: Doubleday.

Holland, J. H., Holyoak, K. F., Nisbett, R. E., & Thagard, P. R. (1986). *Induction: Processes of inference, learning, and discovery*. Cambridge: MIT Press.

Johnson-Laird, P. N. (1983). *Mental models*. Cambridge, MA: Harvard University Press.

Johnson-Laird, P. N. (1985). Logical thinking: Does it occur in daily life? In S. F. Chapman, J. W. Segal, & R. Glaser (Eds.), *Thinking and learning skills: Research and open questions* (Vol. 2, pp. 293-318). Hillsdale, NJ: Lawrence Erlbaum.

Johnson-Laird, P. N., & Byrne, R. M. J. (1991). *Deduction*. Hillsdale, NJ: Lawrence Erlbaum.

Joint Committee on National Health Education Standards. (1995). *National health education standards: Achieving health literacy*. Reston, VA: Association for the Advancement of Health Education.

Jones, B. F., Amiran, M., & Katims, M. (1985). Teaching cognitive strategies and text structures within language arts programs. In J. W. Segal, S. F. Chapman, & R. Glaser (Eds.), *Thinking and learning skills: Relating instruction to research* (Vol. 1, pp. 259-295). Hillsdale, NJ: Lawrence Erlbaum.

Jones, B. F., Palincsar, A. S., Ogle, D. S., & Carr, E. G. (1987). *Strategic teaching: Cognitive instruction in the content areas*. Alexandria, VA: Association for Supervision and Curriculum Development.

Kameenui, E. J. (1992). Toward a scientific pedagogy of learning disabilities. In D. Carnine & E. J. Kameenui (Eds.), *Higher order thinking: Designing curriculum for mainstream students* (pp. 247-267). Austin, TX: Pro-ed.

Katz, J. (1999). *How emotions work*. Chicago: University of Chicago Press.

Kendall, J. S. (2000). Topics: A roadmap to standards. *NASSP Bulletin, 84*(620), 37-48.

Kendall, J. S., & Marzano, R. J. (2005). *Content knowledge: A compendium of content standards for K-12 curriculum*. Aurora, CO: Mid-continent Research for Education and Learning.

Kendall, J. S., Ryan, S. E., & Richardson, A. T. (2005). *The systematic identification of performance standards*. Aurora, CO: Mid-continent Research for Education and Learning.

Kintsch, W. (1974). *The representation of meaning in memory*. Hillsdale, NJ: Lawrence Erlbaum.

Kintsch, W. (1979). On modeling comprehension. *Educational Psychologist*, *1*, 3-14.

Klausner, S. Z. (1965). *The quest for self-control*. New York: Free Press.

Klausmeier, H. J. (1985). *Educational psychology* (5th ed.). New York: Harper & Row.

Klausmeier, H. J., & Sipple, T. (1980). *Learning and teaching concepts*. New York: Academic Press.

Kleinsasser, A. (1991, September). *Rethinking assessment: Who's the expert?* Paper presented at the Casper Outcomes Conference, Casper, WY.

Krathwohl, D. R., Bloom, B. J., & Masia, B. B. (1964). *Taxonomy of educational objectives: The classification of educational goals. Handbook II: Affective domain*. New York: McKay.

Krathwohl, D. R., & Payne, D. A. (1971). Defining and assessing educational objectives. In R. L. Thorndike (Ed.), *Educational measurement* (pp. 17-45). Washington, DC: American Council on Education.

Kreitzer, A. E., & Madaus, G. F. (1994). Empirical investigations of the hierarchial structure of the taxonomy. In L. W. Anderson & L. A. Sosniak (Eds.), *Bloom's taxonomy: A forty-year retrospective: Ninety-third yearbook of the National Society for the Study of Education* (pp. 64-81). Chicago: University of Chicago Press.

LaBerge, D. L. (1995). *Attentional processing: The brain's art of mindfulness*. Cambridge, MA: Harvard University Press.

LaBerge, D., & Samuels, S. J. (1974). Toward a theory of automatic information processing in reading. In H. Singer & R. B. Riddell (Eds.), *Theoretical models and processes of reading* (pp. 548-579). Newark, DE: International Reading Association.

Langer, E. J. (1989). *Mindfulness*. Reading, MA: Addison-Wesley.

Laufer, B., & Goldstein, Z. (2004). Testing vocabulary knowledge: Size, strength, and computer adaptiveness. *Language Learning*, *54*, 469-523.

LeDoux, J. E. (1996). *The emotional brain: The mysterious underpinnings of emotional life*. New York: Simon & Schuster.

Lindsay, P. H., & Norman, D. A. (1977). *Human information processing*. New York: Academic Press.

Lindsley, O. R. (1972). From Skinner to precision teaching: The child knows best. In J. B. Jordan & L. S. Robbins (Eds.), *Let's try doing something else kind of thing* (pp. 1 – 11). Arlington, VA: Council on Exceptional Children.

Madaus, G. F., & Stufflebeam, D. (Eds.). (1989). *Educational evaluation: Classic works of Ralph W. Tyler*. Boston: Kluwer.

Mager, R. (1962). *Preparing instructional objectives*. Palo Alto, CA: Fearon.

Mandler, G. (1983). The nature of emotions. In J. Miller (Ed.), *States of mind* (pp. 136–153). New York: Pantheon.

Markman, A. B., & Gentner, D. (1993a). Splitting the differences: A structural alignment view of similarity. *Journal of Memory and Learning*, *32*, 517–535.

Markman, A. B., & Gentner, D. (1993b). Structural alignment during similarity comparisons. *Cognitive Psychology*, *25*, 431–467.

Markus, H., & Ruvulo, A. (1990). Possible selves: Personalized representations of goals. In L. Pervin (Ed.), *Goal concepts in psychology* (pp. 211 – 241). Hillsdale, NJ: Lawrence Erlbaum.

Marzano, R. J. (1992). *A different kind of classroom: Teaching with dimensions of learning*. Alexandria, VA: Association for Supervision and Curriculum Development.

Marzano, R. J. (1998). *A theory-based meta-analysis of research on instruction* (Technical Report). Aurora, CO: Mid-continent Regional Educational Laboratory.

Marzano, R. J. (2001). *Designing a new taxonomy of educational objectives*. Thousand Oaks, CA: Corwin Press.

Marzano, R. J. (2004). *Building background knowledge for academic achievement*. Alexandria, VA: Association for Supervision and Curriculum Development.

Marzano, R. J., Brandt, R. S., Hughes, C. S., Jones, B. F., Presseisen, B. Z., Rankin, S. C., et al. (1988). *Dimensions of thinking: A framework for curriculum and instruction*. Alexandria, VA: Association for Supervision and Curriculum Development.

Marzano, R. J., Gaddy, B. B., Foseid, M. C., Foseid, M. P., & Marzano, J. S. (2005). *A handbook for classroom management that works*. Alexandria, VA: Association for Supervision and Curriculum Development.

Marzano, R. J., & Kendall, J. S. (1996a). *A comprehensive guide to designing standards-based districts, schools, and classrooms*. Alexandria, VA: Association for Supervision and

Curriculum Development.

Marzano, R. J., & Kendall, J. S. (1996b). *The fall and rise of standards-based education*. Alexandria, VA: National Association of State Boards of Education.

Marzano, R. J., Kendall, J. S., & Cicchinelli, L. F. (1998). *What Americans believe students should know: A survey of U. S. adults*. Aurora, CO: Mid-continent Regional Educational Laboratory.

Marzano, R. J., Kendall, J. S., & Gaddy, B. B. (1999). *Essential knowledge: The debate over what American students should know*. Aurora, CO: Mid-continent Regional Educational Laboratory.

Marzano, R. J., Paynter, D. E., & Doty, J. K. (2003). *The Pathfinder Project: Exploring the power of one: Teacher's manual*. Conifer, CO: Pathfinder.

Maslow, A. H. (1968). *Toward a psychology of being*. New York: Van Nostrand Reinhold.

Mathematical Science Education Board. (1990). *Reshaping school mathematics*. Washington, DC: National Academy Press.

Mayer, R. E. (1992). *Thinking, problem solving, and cognition* (2nd ed.). New York: Freeman.

McCombs, B. L. (1984). Processes and skills underlying intrinsic motivation to learn: Toward a definition of motivational skills training intervention. *Educational Psychologist*, *19*, 197-218.

McCombs, B. L. (1986). The role of the self-system in self-regulated learning. *Contemporary Educational Psychology*, *11*, 314-332.

McCombs, B. L., & Marzano, R. J. (1990). Putting the self in self-regulated learning: The self as agent in integrating will and skill. *Educational Psychologist*, *25*(1), 51-69.

McCombs, B. L., & Pope, J. E. (1994). *Motivating hard to reach students*. Washington, DC: American Psychological Association.

McCombs, B. L., & Whisler, J. S. (1997). *The learner-centered classroom and school*. San Francisco: Jossey-Bass.

McTighe, J., & Lyman, F. T., Jr. (1988). Cueing thinking in the classroom: The promise of theory embedded tools. *Educational Leadership*, *45*(7), 18-25.

Medawar, P. B. (1967). Two conceptions of science. In P. B. Medawar (Ed.), *The art of the soluble*. London: Methuen.

Medin, D., Goldstone, R. L., & Markman, A. B. (1995). Comparison and choice: Relations between similarity processes and decision processes. *Psychonomic Bulletin & Review*, 2 (1), 1-19.

Meichenbaum, D., & Asarnow, J. (1979). Cognitive-behavioral modification and metacognitive development: Implications for the classroom. In P. C. Kendall & S. D. Hollon (Eds.), *Cognitive-behavioral interventions: Theory, research, and procedures* (pp. 11-35). New York: Academic.

Mervis, C. B. (1980). Category structure and the development of categorization. In R. J. Spiro, B. C. Bruce, & W. F. Brewer (Eds.), *Theoretical issues in reading comprehension* (pp. 279-307). Hillsdale, NJ: Lawrence Erlbaum.

Meyer, B. J. F. (1975). *The organization of prose and its effects on memory*. New York: American Elsevier.

Meyer, C. A. (1992). What's the difference between authentic and performance assessment? *Educational Leadership*, 49(8), 39-40.

Miller, G. A., Galanter, E., & Pribram, K. H. (1960). *Plans and the structure of behavior*. New York: Holt, Rinehart & Winston.

Moseley, D. (n. d.). *Thinking skills taxonomies for post-16 learners: An evaluation: Revised version of first progress report to LSDA*. Newcastle upon Tyne, UK: University of Newcastle upon Tyne, School of Education, Communication and Language Sciences.

Mullis, I. V. S., Owen, E. H., & Phillips, G. W. (1990). *America's challenge: Accelerating academic achievement (A summary of findings from 20 years of NAEP)*. Princeton, NJ: Educational Testing Service.

Murphy, P. D. (1974). *Consumer education modules: A spiral process approach*. Washington, DC: Office of Education, North Dakota State University, Fargo, Curriculum Development in Vocational and Technical Education.

Nardi, A. H., & Wales, C. E. (1985). Teaching decision-making: What to teach and how to teach it. In A. L. Costa (Ed.), *Developing minds: A resource book for teaching thinking* (pp. 220-223). Alexandria, VA: Association for Supervision and Curriculum Development.

National Association for Sport and Physical Education. (2004). *Moving into the future: National standards for physical education* (2nd ed.). Reston, VA: Author.

National Center for History in the Schools. (1994a). *National standards for history for grades K-4: Expanding children's world in time and space*. Los Angeles: Author.

National Center for History in the Schools. (1994b). *National standards for United States history*: *Exploring the American experience.* Los Angeles: Author.

National Center for History in the Schools. (1994c). *National standards for world history*: *Exploring paths to the present.* Los Angeles: Author.

National Center for History in the Schools. (1996). *National standards for history*: *Basic edition.* Los Angeles: Author.

National Commission on Excellence in Education. (1983). *A nation at risk*: *The imperative for educational reform.* Washington, DC: Government Printing Office.

National Council for the Social Studies. (1994). *Expectations of excellence*: *Curriculum standards for social studies.* Washington, DC: Author.

National Council of Teachers of English and the International Reading Association. (1996). *Standards for the English language arts.* Urbana, IL: National Council of Teachers of English.

National Council of Teachers of Mathematics. (2000). *Principles and standards for school mathematics.* Reston, VA: Author.

National Council on Economic Education. (1996, August). *Content statements for state standards in economics K-12.* Unpublished manuscript. New York: Author.

National Education Goals Panel. (1991). *The national education goals report*: *Building a nation of learners.* Washington, DC: Author.

National Research Council. (1996). *National science education standards.* Washington, DC: National Academy Press.

National Standards in Foreign Language Education Project. (1999). *Standards for foreign language learning in the 21st century.* Lawrence, KS: Author.

Newmann, F. M., Secado, W. G., & Wehlage, G. G. (1995). *A guide to authentic instruction and assessment*: *Vision, standards and scoring.* Madison: University of Wisconsin, Wisconsin Center for Educational Research.

Nickerson, R. S., Perkins, D. N., & Smith, E. E. (1985). *The teaching of thinking.* Hillsdale, NJ: Lawrence Erlbaum.

Norman, D. A., & Rumelhart, D. E. (1975). *Explanations in cognition.* New York: Freeman.

Paivio, A. (1969). Mental imagery in associative learning and memory. *Psychological Review, 76,* 241–263.

Paivio, A. (1971). *Imagery and verbal processing*. New York: Holt, Rinehart & Winston.

Paris, S. G., Lipson, M. Y., & Wixson, K. K. (1983). Becoming a strategic reader. *Contemporary Educational Psychology*, 8(3), 293–316.

Paul, R. (1990). *Critical thinking: What every person needs to survive in a rapidly changing world*. Rohnert Park, CA: Center for Critical Thinking and Moral Critique, Sonoma State University.

Paul, R. W. (1984). Critical thinking: Fundamental to education for a free society. *Educational Leadership*, 42(1), 4–14.

Paul, R. W. (1986, December). *Critical thinking, moral integrity, and citizenship: Teaching for the intellectual virtues*. Paper distributed at ASCD Wingspread Conference on Teaching Skills, Racine, WI.

Percy, W. (1975). *The message in the bottle*. New York: Farrar, Strauss & Giroux.

Perkins, D. N. (1984). Creativity by design. *Educational Leadership*, 42(1), 18–25.

Perkins, D. N. (1985). *Where is creativity?* Paper presented at University of Iowa Second Annual Humanities Symposium, Iowa City, IA.

Perkins, D. N. (1986). *Knowledge as design*. Hillsdale, NJ: Lawrence Erlbaum.

Perkins, D. N., Allen, R., & Hafner, J. (1983). Difficulties in everyday reasoning. In W. Maxwell (Ed.), *Thinking: The expanding frontier* (pp. 177–189). Philadelphia: Franklin Institute Press.

Pert, C. B. (1997). *Molecules of emotion: Why you feel the way you feel*. New York: Scribner.

Piaget, J. (1971). *Genetic epistemology* (E. Duckworth, Trans.). New York: Norton.

Pintrich, P. R., & Garcia, T. C. (1992, April). *An integrated model of motivation and self-regulated learning*. Paper presented at the annual meeting of the American Educational Research Association, San Francisco, CA.

Poole, R. L. (1972). Characteristics of the taxonomy of educational objectives, cognitive domain: A replication. *Psychology in the Schools*, 9(1), 83–88.

Project 2061, American Association for the Advancement of Science. (1993). *Benchmarks for science literacy*. New York: Oxford University Press.

Reeves, D. B. (2002). *Holistic accountability: Serving students, schools, and community*. Thousand Oaks, CA: Corwin Press.

Resnick, L. (1987). *Education and learning to think*. Washington, DC: National Academy

Press.

Richardson, A. (1983). Imagery: Definitions and types. In A. A. Sheikh (Ed.), *Imagery: Current theory, research, and application* (pp. 3–42). New York: John Wiley.

Rohwer, W. D., & Sloane, K. (1994). Psychological perspectives. In L. W. Anderson & L. A. Sosniak (Eds.), *Bloom's taxonomy: A forty-year retrospective: Ninety-third yearbook of the National Society for the Study of Education* (pp. 41–63). Chicago: University of Chicago Press.

Romberg, T. A., & Carpenter, T. P. (1986). Research on teaching and learning mathematics: Two disciplines of scientific inquiry. In M. C. Wittrock (Ed.), *Handbook of research on teaching* (3rd ed., pp. 850–873). New York: Macmillan.

Ross, J. A. (1988). Controlling variables: A meta-analysis of training studies. *Review of Educational Research, 58*(4), 405–437.

Ross, J., & Lawrence, K. A. (1968). Some observation on memory artifice. *Psychonomic Science, 13*, 107–108.

Rowe, H. (1985). *Problem solving and intelligence.* Hillsdale, NJ: Lawrence Erlbaum.

Rumelhart, D. E., & Norman, D. A. (1981). Accretion, tuning and restructuring: Three modes of learning. In J. W. Colton & R. Klatzky (Eds.), *Semantic factors in cognition* (pp. 37–53). Hillsdale, NJ: Lawrence Erlbaum.

Salomon, G., & Globerson, T. (1987). Skill may not be enough: The role of mindfulness in learning and transfer. *International Journal of Educational Research, 11*, 623–637.

Schank, R. C., & Abelson, R. (1977). *Scripts, plans, goals and understanding.* Hillsdale, NJ: Lawrence Erlbaum.

Seligman, M. E. P. (1990). *Learned optimism.* New York: Pocket Books.

Seligman, M. E. P. (1994). *What you can change and what you can't.* New York: Knopf.

Shepard, L. (1993). *Setting performance standards for student achievement: A report of the National Academy of Education Panel on the evaluation of the NAEP trial state assessment: An evaluation of the 1992 achievement levels.* Stanford, CA: Stanford University, National Academy of Education.

Smith, E. E., & Medin, D. L. (1981). *Categories and concepts.* Cambridge, MA: Harvard University Press.

Snow, R. E., & Lohman, D. F. (1989). Implications of cognitive psychology for educational measurement. In R. L. Linn (Ed.), *Educational measurement* (3rd ed., pp. 263-331). New York: American Council on Education, & Macmillan.

Snowman, J., & McCown, R. (1984, April). *Cognitive processes in learning: A model for investigating strategies and tactics.* Paper presented at the annual meeting of the American Educational Research Association, New Orleans, LA.

Spearman, C. (1927). *The abilities of man: Their nature and measurement.* New York: Macmillan.

Stahl, R. J. (1985). *Cognitive information processes and processing within a uniprocess and processing within a uniprocess superstructure/microstructure framework: A practical information-based model.* Unpublished manuscript, University of Arizona, Tucson.

Stanley, J. C., & Bolton, D. (1957). A review of Bloom's taxonomy of educational objectives and J. R. Gerberich's specimen objective test items: A guide to achievement test construction. *Educational and Psychological Measurement*, *17*(4), 631-634.

Sternberg, R. J. (1977). *Intelligence, information processing and analogical reasoning: The componential analysis of human abilities.* Hillsdale, NJ: Lawrence Erlbaum.

Sternberg, R. J. (1984a). *Beyond IQ: A triarchic theory of human intelligence.* New York: Cambridge University Press.

Sternberg, R. J. (1984b). Mechanisms of cognitive development: A componential approach. In R. J. Sternberg (Ed.), *Mechanisms of cognitive development* (pp. 163-186). New York: Freeman.

Sternberg, R. J. (1986a). Inside intelligence. *American Scientist*, *74*, 137-143.

Sternberg, R. J. (1986b). *Intelligence applied.* New York: Harcourt Brace Jovanovich.

Sternberg, R. J. (1987). Most vocabulary is learned from context. In M. G. McKeown & M. E. Curtis (Eds.), *The nature of vocabulary acquisition* (pp. 89-105). Hillsdale, NJ: Lawrence Erlbaum.

Sternberg, R. J., & Spear-Swerling, L. (1996). *Teaching for thinking.* Washington, DC: American Psychological Association.

Stiggins, R. J. (1994). *Student-centered classroom assessment.* New York: Merrill.

Taba, H. (1967). *Teacher's handbook for elementary social studies.* Reading, MA: Addison-Wesley.

Tennyson, R. D., & Cocchiarella, M. J. (1986). An empirically based instructional design theory for teaching concepts. *Review of Educational Research*, *56*, 40-71.

Tilton, J. W. (1926). *The relationship between association and higher mental processes: Teachers College contributions to education*, No. 218. New York: Bureau of Publications, Teachers College.

Toulmin, S., Rieke, R., & Janik, A. (1981). *An introduction to reasoning*. New York: Macmillan.

Travers, R. M. W. (1950). *How to make achievement tests*. New York: Odyssey.

Turner, A., & Greene, E. (1977). *The construction of a propositional text base*. Boulder: The University of Colorado, Institute for the Study of Intellectual Behavior.

Tweney, R. D., Doherty, M. E., & Mynatt, C. R. (1981). *On scientific thinking*. New York: Columbia University Press.

Tyler, R. W. (1949a). *Basic principles of curriculum and instruction*. Chicago: University of Chicago Press.

Tyler, R. W. (1949b). *Constructing achievement tests*. Chicago: University of Chicago Press.

van Dijk, T. A. (1977). *Text and context*. London: Longman.

van Dijk, T. A. (1980). *Macrostructures*. Hillsdale, NJ: Lawrence Erlbaum.

van Dijk, T. A., & Kintsch, W. (1983). *Strategies of discourse comprehension*. Hillsdale, NJ: Lawrence Erlbaum.

van Eemeren, F. H., Grootendorst, R., & Henkemans, F. S. (1996). *Fundamentals of argumentation theory: A handbook of historical backgrounds and contemporary developments*. Mahwah, NJ: Lawrence Erlbaum.

Wahba, N. A., & Bridwell, L. G. (1976). Maslow reconsidered: A review of research on the need of hierarchy theory. *Organizational Behavior and Human Performance*, *15*, 212–240.

Wales, C. E., Nardi, A. H., & Stager, R. A. (1986). Decision making: New paradigm for education. *Educational Leadership*, *43*(8), 37–41.

Wales, C. E., & Stager, R. A. (1977). *Guided design*. Morgantown: West Virginia University Center for Guided Design.

Wang, M. C., Haertel, G. D., & Walberg, H. J. (1993). Toward a knowledge base for school learning. *Review of Educational Research*, *63*(3), 249–294.

Waples, D., & Tyler, R. W. (1934). *Research methods and teachers' problems: A manual for systematic study of classroom procedures*. New York: Macmillan.

Wickelgren, W. A. (1974). *How to solve problems*. San Francisco: Walt Freeman.

Wiggins, G., & McTighe, J. (1998). *Understanding by design*. Alexandria, VA: Association for

Supervision and Curriculum Development.

Wilde, S. (Ed.). (1996). *Notes from a kid watcher: Selected writings of Yetta M. Goodman*. Portsmouth, NH: Heinemann.

Wood, B. N. (1923). *Measurement in higher education*. Yonkers-on-Hudson, NY: World Book.

Zimmerman, B. J., Bonner, S., & Kovach, R. (1996). *Developing self-regulated learners*. Washington, DC: American Psychological Association.

出 版 人　李　东
责任编辑　方檀香
版式设计　郝晓红
责任校对　贾静芳
责任印制　叶小峰

图书在版编目（CIP）数据

教育目标的新分类学：第2版/（美）罗伯特·J.马扎诺，（美）约翰·S.肯德尔著；高凌飚，吴有昌，苏峻译.—2版.—北京：教育科学出版社，2020.4（2024.11重印）
（世界教育思想文库）
ISBN 978-7-5191-1924-9

Ⅰ.①教… Ⅱ.①罗… ②约… ③高… ④吴… ⑤苏… Ⅲ.①教育目的—分类学 Ⅳ.①G40-011

中国版本图书馆 CIP 数据核字（2020）第 039121 号
北京市版权局著作权合同登记　图字：01-2018-1240 号

世界教育思想文库

教育目标的新分类学：第2版
JIAOYU MUBIAO DE XIN FENLEI XUE: DI 2 BAN

出 版 发 行	教育科学出版社			
社　　　址	北京·朝阳区安慧北里安园甲9号	邮　　编	100101
总编室电话	010-64981290	编辑部电话	010-64981252
出版部电话	010-64989487	市场部电话	010-64989009
传　　　真	010-64891796	网　　址	http://www.esph.com.cn
经　　　销	各地新华书店		
制　　　作	北京大有艺彩图文设计有限公司		
印　　　刷	三河市兴达印务有限公司	版　　次	2012年12月第1版 2020年4月第2版
开　　　本	720毫米×1020毫米　1/16		
印　　　张	13.25	印　　次	2024年11月第7次印刷
字　　　数	179千	定　　价	48.00元

图书出现印装质量问题，本社负责调换。

The New Taxonomy of Educational Objectives, Second Edition
By Robert J. Marzano, John S. Kendall

Copyright © 2007 by Corwin Press

CORWIN PRESS, INC. is the original publisher in Washington D. C., London, and New Delhi. This Simplified Chinese edition is translated and published by permission of CORWIN PRESS, INC. Educational Science Publishing House shall take all necessary steps to secure copyright in the Translated Work where it is distributed.

All rights reserved.

本书原版由CORWIN PRESS, INC. 出版。本书简体中文版由权利人授权教育科学出版社独家翻译出版。未经出版社书面许可，不得以任何方式复制或抄袭本书内容。

版权所有，侵权必究。